Pop Corner

HUBERT ARTUS

POP CORNER

La grande histoire de la pop culture
1920-2020

DON QUICHOTTE

www. donquichotte-editions.com

ISBN : 978-2-35949-514-0

Sommaire

Introduction

« Révélation pop », « sensation pop », « reine de la pop »... En ces années deux mille dix, la pop culture a envahi tous les champs des arts et du divertissement, comme le fil rouge d'une époque. Paradoxalement, peu nombreux sont ceux qui savent ce qu'elle représente vraiment. Ainsi ce livre cherche-t-il à répondre à cette question fondamentale : de quoi la pop culture est-elle le nom ?

Voilà un siècle que ces trois lettres, P-O-P, n'en finissent pas de faire parler d'elles. Le terme est anglais, contraction de « popular », « ce qui vient de la rue ». Si le mot « pop » ne connaît aucun équivalent exact dans la langue de Molière, c'est qu'il dépasse ce que nous qualifions de « populaire », à savoir ce qui est apprécié par le plus grand nombre. Dans son acception anglo-saxonne, « popular » se pose comme une alternative à ce qui vient des universités, des élites, des milieux autorisés. Mais le terme provient également du verbe anglais « to pop up » (« surgir »). Car la pop est un élan, un mouvement de la marge vers le centre. Être pop, c'est aussi adopter une certaine attitude, une fureur de vivre, car *fun is serious*, sérieusement divertissant – l'un des mantras pop depuis les années soixante.

L'histoire de la pop culture commence au lendemain de la Première Guerre mondiale, grandit entre les deux guerres, puis explose véritablement dans les années cinquante et soixante. Elle dit la place de la culture dans la société de consommation alors naissante. Elle a ainsi laissé son empreinte sur la majeure partie des formes artistiques nées depuis le début du XXe siècle, et sur leurs supports : les magazines de divertissement, la radio, les vinyles, la télévision, les walkmans, l'ordinateur, le CD et l'iPod... Sans oublier son influence en matière d'urbanisme et de design.

S'ouvrant avec la naissance des « pulps », dans les années vingt, *Pop Corner – La grande histoire de la pop culture* s'achève cent ans plus tard, avec les fanfictions contemporaines. Il décrypte ce siècle décennie par décennie, explique, entre autres, comment les comics sont au fondement du pop art, et les radios pirates à celui des labels indépendants rock aussi bien que rap et techno ; comment la pop a-t-elle participé plus qu'à son tour au soft power asiatique des années quatre-vingt-dix et deux mille, ou encore quelle influence primordiale a-t-elle eue sur notre monde désormais 2.0, celui de la réalité augmentée, grâce à laquelle un jeu vidéo issu de la pop culture, *Pokémon*, est devenu, en 2016, une application *(Pokémon Go)* au succès phénoménal, qui contribue à brouiller la frontière entre réel et imaginaire.

La pop culture est plurielle, à la fois alternative et mainstream, commerciale et militante, conformiste et subversive. C'est une boule à facettes où scintillent superhéros de bandes dessinées, personnages de cinéma, séries, jeux vidéo, looks et musiques qui font danser la planète. À l'image de l'art des saltimbanques au Moyen Âge, elle n'a pas été créée par des élites (sociales ou intellectuelles), mais dans la rue. Elle est la première culture autodidacte d'importance. Une culture de masse qui a supplanté la culture de classe. Pour certains, pourtant, elle désigne un phénomène branché, donc élitiste, une affaire de bobos ou de hipsters des villes, une communauté influencée par Freud, Deleuze, mais aussi U2, Massive Attack ou Docteur Spock ; pour d'autres, à l'inverse, le terme est presque péjoratif : il s'agirait d'une culture consumériste, destinée à un public de masse qui en a intégré les codes. Peu importe le point de vue qu'on adopte, force est de constater que le terme « pop » est devenu un élément de langage marketing.

Or la pop n'a rien d'un univers ouaté, et sait être engagée. Loin de jouer le jeu du capitalisme – avec juste ce qu'il faut de cool pour faire oublier le marketing – elle a vu naître des courants artistiques, subversifs mais aussi politiques, qui devinrent des modèles intemporels (de la Beat Generation à la techno, en passant par le hardboiled, le pop art, la série télé, le rap, la Great Black Music, et bien d'autres encore). Aussi, à l'heure où les néoconservateurs, ici comme ailleurs, semblent reprendre du poil de la bête, ce livre révèle-t-il une histoire de la pop culture dans ce qu'elle a de plus contre-culturel et de militant. Ce livre se veut une plongée au cœur de son évolution, afin d'en cracker tous les codes.

1920-1950

Après la grande guerre, une nouvelle ère : pulps et comics

La « révolution pop » est née au royaume d'Angleterre dans les années soixante, portée par une jeunesse en colère et par le triomphe planétaire de quatre prolos de Liverpool. Mais, avant les Beatles, et de l'autre côté de l'Atlantique, il y eut Superman, apparu pour la première fois en juin 1938, dans le premier numéro d'*Action Comics*. L'homme à la cape était le premier « superhéros », suivi bientôt par d'autres, qui viendront compléter la galaxie (Batman, Spider-Man, Wonder Woman, Hulk, etc.). Ils arrivèrent avec les comics et les pulps, ces revues à 10 cents qui allaient ouvrir de nouveaux mondes, et surtout des horizons d'imaginaires inexplorés. Sans ces histoires et ces personnages d'un genre nouveau, il n'y aurait pas eu Tarantino, il n'y aurait pas eu de « films noirs », ni de Star Wars, ni de film d'animation, et non plus les jeux vidéo. Sans les couleurs flamboyantes des comics, même le pop art aurait été différent.

C'était peu de temps avant la grande crise de 1929, et c'est l'acte fondateur d'une culture qu'on ne qualifiait pas encore de « pop ». Les pulps, plutôt portés sur les antihéros, inventèrent un genre nouveau : le roman noir moderne, courant littéraire, philosophique et politique qui s'oppose au roman d'énigme moralisant à la Hercule Poirot. Les comics s'occupèrent de fantastique, et surtout de ces nouveaux êtres appelés « superhéros ».

Deux frères

Pourquoi « comics », et pourquoi « pulps » ? Depuis la fin du XIXe siècle, le terme « comics », pour « comic strips », désignait aux États-Unis de courtes bandes dessinées paraissant dans la presse quotidienne. Elles se composaient d'une seule « bande » et trois cases, qu'on appelait « daily strip ». Bientôt, on distingua celles qui racontaient des histoires feuilletonnées (« continuity strips ») de celles qui reposaient sur des gags quotidiens indépendants les uns des autres (« gag-a-day strips »). Rapidement, la culture du strip versa dans l'humour ou la satire, et on eut alors le « comic strip ». Tout au début du XXe siècle, les journaux en publiaient chaque jour de la semaine, avec une page d'au moins quatre comic strips supplémentaires dans les éditions dominicales (« Sunday pages »). Assez vite, des éditeurs eurent l'idée de regrouper l'énorme matière déjà parue dans la presse pour la revendre sous forme de magazines spécialisés d'une soixantaine de pages : on parla alors de « comic books », appellation abrégée depuis en « comics ».

Le terme « pulp », lui, s'est rappelé à nos bons souvenirs en 1994, lors des sorties, à quelques mois d'intervalle, de *Pulp Fiction* – deuxième film et premier succès de Quentin Tarantino – et du roman de Charles Bukowski *Pulp*. En ce milieu des années quatre-vingt-dix, seuls les initiés connaissaient encore le terme. Les pulps, abréviation de « pulp magazines », étaient des publications produites à l'économie, sur du papier de mauvaise qualité, constitué de fibre de bois grossièrement agglomérée (une pulpe de bois, donc). Vendus à bas prix (10 à 15 cents), ces magazines séduisirent des classes populaires durant toute la première moitié du XXe siècle – c'est-à-dire avant l'arrivée de la télévision. On y lisait des histoires à l'eau de rose (eh oui : de Barbara Cartland et ses bluettes à Colleen Hoover ou Anna Todd, en passant par les romans Harlequin, *After* et autres *Fifty Shades of Grey,* le triomphe actuel des « romance novels » puise ses racines dans la pop culture...), des récits fantastiques, de la science-fiction, des histoires de détectives, des faits divers ou des westerns. Et, bientôt, du roman noir.

Les pulp magazines appliquaient une idée simple : la qualité des histoires prime sur celle du papier. Successeurs des « dime novels » (le « roman à trois sous » anglophone, ancêtre du « roman de gare ») et du roman-feuilleton paraissant dans la presse française, ils permirent, entre les années vingt et la fin des années cinquante, à des auteurs aussi marquants que Ray Bradbury, Raymond Chandler, David Goodis, Dashiell Hammett, H. P. Lovecraft ou Richard Matheson (entre autres) d'y faire leurs armes – et parfois une bonne partie de leur carrière.

Les pulps, une nouvelle presse, et une révolution littéraire

Le premier pulp magazine avéré fut créé en 1896. Il était lui-même la version modifiée d'un hebdomadaire d'informations générales né en décembre 1882, *The Golden Argosy,* dans lequel son patron, Frank Munsey, décida d'intégrer des récits littéraires en plus des pages d'actualité et de reportages. Il se transforma en mensuel, rebaptisé *The Argosy,* et tira à 500 000 exemplaires par mois. Et ce premier pulp essentiellement consacré à de la fiction comptait cent quatre-vingt-douze pages !

Tout au début du XXe siècle arriva une concurrence éclectique : des magazines dédiés aux pionniers du chemin de fer, au sport, aux récits de guerre, et parfois aux westerns ou à la prohibition, comme *Ocean, Zeppelin Stories, Adventure, Submarine Stories* ou encore *Railroad Man's Magazine*. La science-fiction, encore balbutiante, était quant à elle à l'honneur dans *All-Story Magazine* ou *Amazing Stories*. *The Cavalier* faisait dans la romance un peu porno et dans le roman policier. Ces publications s'appuyaient sur des escouades d'auteurs plus ou moins connus, réguliers et talentueux, rémunérés 1 penny par mot environ, qui produisaient de la copie à la chaîne, tout en maintenant une certaine qualité littéraire. Quelques-uns seulement parvenaient à en vivre, et le plus souvent usaient de plusieurs pseudonymes afin de multiplier les piges dans diverses revues.

Le premier pulp dédié à la fiction policière fut créé en 1915 (et disparu en 1949) : *Detective Story Magazine*, qui reste connu notamment pour ses couvertures illustrant des faits divers à fiche le frisson. Signalons que, si elles révélèrent des auteurs, ces publications firent connaître des illustrateurs dont les dessins inspiraient autant d'angoisse que les histoires qu'ils représentaient. Parmi les célèbres illustrateurs révélés par leurs unes, citons Frank R. Paul, Virgil Finlay, Edd Cartier, Margaret Brundage, Norman Saunders. Sur les couvertures de ces magazines figurait souvent la scène initiale du récit dont devait s'inspirer l'écrivain ; en général, la seconde juste avant le meurtre, ou bien l'instant où se manifeste le flic, l'intrus ou le meurtrier, dans une atmosphère de peur absolue – une esthétique que reprendra plus tard un journal comme *Le Nouveau Détective* en France.

La Rolls des pulps, *Black Mask*, fut créée en 1920 par le journaliste H. L. Mencken et par le critique littéraire George Jean Nathan. Lancé à l'origine pour renflouer le prestigieux mais déficitaire magazine littéraire *The Smart Set*, le nouveau venu était éclectique : « Les meilleures histoires d'aventure possibles, les meilleures histoires de mystère et de détectives, les meilleures romances, les meilleures histoires d'amour et les meilleures histoires d'occultisme », annonçaient ses créateurs. Après la sortie des huit premiers numéros, Mencken et Nathan considérèrent comme amorti leur investissement de 500 dollars, et revendirent *Black Mask* à d'autres éditeurs (Eltinge Warner et Eugene Crow) pour... 12 500 dollars ! Joseph T. Shaw, le nouveau boss, changea immédiatement la ligne éditoriale : le journal publiera en épisodes des romans inédits, gagnant ainsi une cohérence éditoriale qui faisait défaut à ses concurrents. C'est que Shaw avait flairé qu'une « école » naissait : un roman policier naturaliste, plus réaliste et bien moins versé dans la bienséance morale que le roman d'énigme. On l'appellera bientôt le « hardboiled », un terme qui signifie « dur à cuire » et qui qualifie les fictions comme les personnages qui en sont les héros.

Ces dernières étaient plus engagées, plus corrosives, plus fatalistes aussi, que les simples histoires de détectives qu'on connaissait alors. Le précurseur de cette « école » fut Carroll John Daly, avec son détective privé Race Williams, individu droit et rugueux à la langue bien pendue, apparu en juin 1923, et qui allait devenir le modèle pour des détectives d'un nouveau genre. L'un d'entre eux n'avait carrément pas de nom : le Continental Op (traduction littérale de « l'agent de la Continental »), créé par Dashiell Hammett en octobre 1923, un détective privé de San Francisco, salarié de la Continental Detective Agency, n'est identifié que par sa fonction. Après dix ans d'ajustements dans les pages de *Black Mask*, ce privé devint le héros du tout premier roman de Hammett : *Moisson rouge* (1929). Parce qu'un homme y a sollicité ses services, Continental Op arrive un jour à Personville, une ville (fictive, of course) que ses propres habitants surnomment Poisonville. Là, il apprend que son contact vient d'être assassiné, avant même qu'il n'ait pu le rencontrer. Le détective mène alors son enquête sur cette mort mystérieuse. Il s'intéresse particulièrement au père de la victime, un patron industriel local qui a fait appel à des gangs pour casser la grève menaçant son usine. Il ne se doutait pas qu'il compromettait ainsi son pouvoir sur la ville. Mêlant corruption politique et policière, femme fatale (Dinah Brand) et (donc) protagoniste dur à cuire, *Moisson rouge* est l'archétype du hardboiled.

Cette même année 1929 parut la dernière des trente-six nouvelles de Continental Op. Hammett avait déjà en tête un autre personnage : Sam Spade, présent dans un seul des cinq romans de l'auteur (le plus fameux), *Le Faucon maltais*. Récit moins social que *Moisson rouge*, plus classique en apparence (une enquête sur le vol d'une statuette d'une valeur inestimable, avec filatures, mensonges et entourloupes), mais dont la succession de fausses pistes et de rebondissements servait le cynisme de Spade, une caractéristique nouvelle pour un personnage de détective. Considérant que les policiers sont aussi « pourris » que les mafieux, Spade ne prétend sauver ni le monde ni la morale – juste une statuette et un peu de bons sens. Le récit fut publié en quatre épisodes, dans *Black Mask* (de septembre 1929 à janvier 1930), avant sa parution en librairie, et son adaptation à l'écran par John Huston en 1941, avec Humphrey Bogart dans le rôle de Spade – un Bogart qui incarnera cinq ans plus tard, sous la direction de Howard Hawks, dans *Le Grand Sommeil*, l'autre détective star de l'époque : Philip Marlowe, le héros de Raymond Chandler, qui fut à la suite de Hammett le deuxième créateur du roman noir moderne. Aussi cynique que Spade, mais plus idéaliste, mélomane et joueur (aux échecs comme dans la vie), Marlowe est le héros récurrent des (sept) romans de Chandler et de cinq de ses nouvelles – mais aucune ne fut publiée dans *Black Mask*, où Chandler écrivit pourtant une bonne vingtaine de nouvelles, entre 1933 et 1938.

Le nouveau modèle de détective privé était un observateur cynique et pessimiste d'une société corrompue. Les romans le mettant en scène faisaient écho à la désillusion engendrée par la grande dépression et les trafics politiciens. Les pulp magazines, et à leur tête *Black Mask*, furent le lieu de fermentation de cette révolution littéraire, qui se caractérisa d'abord par la place accordée au rapport de force entre les personnages plutôt qu'au crime lui-même ; à l'action et aux dialogues, là où réflexions et descriptions interminables constituaient l'essentiel des romans d'énigme. Ils inventèrent également un style âpre ultraréaliste, au service d'un fatalisme rageur (le regard porté sur le monde y est aussi essentiel que ce qui est montré) et d'un certain lyrisme non dénué de romantisme (des antihéros amochés fascinés par des femmes fatales – dans les deux acceptions du terme). La « grille de lecture » de ces histoires n'était plus du côté de l'enquêteur, de l'ordre ou de la morale, en un mot de la loi ; elles adoptaient le point de vue de ceux qui la transgressent ou la subissent. Apparu au début des années vingt, le hardboiled arriva à maturité au moment du krach de 1929, et de la grande dépression qui suivit, jusqu'à l'entrée en guerre des États-Unis, en 1941. Ce roman noir témoigna de « la montée en puissance du crime organisé, qui structurait son modèle d'organisation sur celui de l'entreprise capitaliste » (selon une déclaration d'Al Capone lui-même). Il chroniquait les dégâts de l'économie de marché, de la corruption mêlant politiques et grands patrons – la prohibition entraîna une dérive mafieuse du pouvoir) ou encore de la répression des mouvements sociaux et syndicaux.

Hammett, avant de devenir écrivain, fut lui-même détective dans la célèbre agence Pinkerton (fondée en 1850), dont on disait qu'elle était le FBI avant le FBI (créé en 1908). Si ce n'est pas tout à fait exact, il est vrai que la Pinkerton fut la première police à opérer au niveau fédéral, sur l'ensemble du territoire américain. Les détectives y étaient plutôt espions, briseurs de grève et lyncheurs de syndicaliste, et Hammett y côtoya six ans durant le crime organisé et les édiles décadents, refusant de ferrailler contre des ouvriers grévistes, et puisant un matériau de première main pour ses récits à venir. Fataliste, le polar s'intéressait au côté sombre et autodestructeur de l'être humain, à ses culpabilités et à ses remords (cinquante ans avant le côté obscur de la Force qui attirera un certain Anakin Skywalker/Dark Vador…) « Dash » Hammett ouvrit la voie au behaviourisme, ou comportementalisme, qui désigne un courant littéraire où les personnages sont déterminés non par ce qu'ils pensent, mais par ce qu'ils font. Aux fondements mêmes du roman d'action, cette évolution survint au moment où le cinéma, lui, devenait parlant. Et comme quelques autres auteurs de pulps, dont le style réaliste et visuel collait parfaitement avec l'écriture cinématographique, Hammett et Chandler se reconvertirent en scénaristes, pour faire les beaux jours de Hollywood, où ils perdirent leur âme, noyée dans l'alcool.

Les pulps : premier âge d'or de la science-fiction

Environ vingt ans avaient passé depuis la fin de la Grande Guerre. Dans un monde qui sortait à peine d'une boucherie considérable (9,7 millions de soldats morts, et 8,9 millions de civils), écrire des histoires de meurtres n'était pas une mince affaire. Les habitants d'une planète qui venait de traverser le premier conflit globalisé prenaient soudain conscience que la fin du monde n'était plus forcément une hypothèse, mais pouvait réellement advenir – et plus tôt qu'on ne le pensait. Imaginer l'avenir fichait la frousse. Écrire et lire de la science-fiction était alors tout sauf une évidence. Et pourtant, en 1923, naquit un magazine plutôt versé dans l'horreur, l'étrange ou le gothique, *Weird Tales,* dont le mérite est d'avoir publié les premiers textes d'un grand auteur qui, lui, restera fidèle jusqu'à sa mort, en 1937 : Howard Phillips Lovecraft. Les pulp magazines furent également un terreau fertile pour la littérature d'anticipation. En 1926, un immigré luxembourgeois, Hugo Gernsback, admirateur de Jules Verne et rédacteur en chef d'une revue consacrée à la radio *(Radio News),* lança le magazine *Amazing Stories,* sous-titré : « The magazine of scientifiction ». À l'instar de son auteur de prédilection, Gernsback se consacrait à la vulgarisation et à la promotion des sciences par des récits d'aventures. Mais, contrairement au hardboiled, hormis des rééditions d'H. G. Wells et des traductions de Verne, les récits publiés manquaient de qualités littéraires… comme de rigueur scientifique. C'est le cas de la saga de Philip Nowlan, *Buck Rogers,* mais son intérêt est ailleurs : apparu en 1928, cet ancien pilote de l'armée américaine, qui, après un crash et quelques jours de coma, se retrouve sur une autre planète, au XXVe siècle, fut le premier personnage de roman adapté en comics (1929) puis à la radio (1932).

De 120 000 exemplaires vendus chaque mois durant trois ans, *Amazing Stories* passa brusquement, après le krach de 1929, à 25 000 copies écoulées mensuellement. Débarqué de sa propre revue par la maison d'édition qui la publiait, Gernsback s'empressa… d'en lancer une ailleurs : *Science Wonder Stories,* où il utilisa pour la première fois le terme dont il a depuis la paternité, celui de « science-fiction ». Le dernier numéro fut tiré en 1936. La grande histoire de la presse retient aussi que Gernsback fut le premier à ouvrir un « courrier des lecteurs » dans ses pages, établissant un dialogue entre les fans et jetant les bases d'un fondement de la pop culture : la communauté. La grande histoire de la littérature note, elle, qu'il sut mettre en lien la littérature et la technologie, donnant à la science-fiction son premier élan.

La crise de 1929 porta le coup de grâce à quelques titres, et ceux qui survécurent virent leur tirage diminuer de moitié, de 100 000 à 50 000 lecteurs en moyenne, mais elle ne sonna pas le glas des pulps. Parvenus à maturité dans chacun de leurs créneaux (romance, western, comics, hardboiled), ils avaient su attirer, révéler et conserver les écrivains et les illustrateurs les plus talentueux. On entrait dans « l'âge d'or de la science-fiction ».

Agacé par un Gernsback qu'il jugeait trop scientifique, Harry Bates fonda en janvier 1930 *Astounding Stories of Super Science*. F. O. Tremaine dirigea la revue de 1934 à 1937, et appliqua une idée toute bête pour attirer vers lui l'exclusivité des plus belles plumes avec leurs meilleures histoires : doubler la rémunération des auteurs, de 1 à 2 cents par mot. Scientiste convaincu et écrivain du genre déjà connu, John W. Campbell en prit la direction en 1938, changea le nom en *Astounding Stories* (tout court), adopta un format « digest » proche du livre de poche, privilégia autant la qualité littéraire que la rigueur scientifique, pour parvenir à une fiction romanesque qui soit un outil de réflexion scientifique, spirituelle et idéologique sur l'avenir de l'humanité. Si la SF est devenue par la suite une littérature profondément philosophique, et non plus seulement des histoires de Martiens et de robots, c'est aussi à Campbell qu'elle le doit. Isaac Asimov publia dans *Astounding* ce qui constituera *Le Cycle de Fondation* et les nouvelles de la série des

Robots – cette dernière instaurant pour la première fois une relation de confiance entre hommes et machines, posant les bases de la réflexion sur les intelligences artificielles. Robert A. Heinlein commença son *Histoire du futur* dans la même revue ; et Alfred Van Vogt ou Arthur C. Clarke y débutèrent aussi. Soit les futurs maîtres de la SF américaine, dans un magazine qui régnait alors sans partage sur cet univers littéraire. Et qui, à l'instar de *Black Mask* pour le hardboiled, apporta existentialisme et conscience politique à une forme de récit qui n'avait jusqu'alors d'autre ambition que distraire le lecteur.

La science-fiction a donc su faire croire en un avenir prometteur pour peu que la science se mette à son service. Ce, au lendemain de la Première Guerre mondiale. Pour autant, elle n'a pas vu venir la Seconde. Les auteurs de la seconde moitié du XXe siècle furent profondément marqués par le traumatisme des génocides perpétrés par les nazis et des bombardements américains à Hiroshima et Nagasaki : voilà que la science et la technologie de pointe avaient été utilisées pour concevoir des gaz et des armes de destruction massive, pour détruire le genre humain, plutôt que l'enrichir. Aussi se détournèrent-ils de l'apologie des technosciences, qui était jusqu'alors un credo du genre. En 1950 naquit une nouvelle revue, *Galaxy,* fondée par un homme, Horace Gold, qui avait parfaitement compris qu'un ton nouveau allait imprégner le roman d'anticipation. Dès le premier numéro, le sommaire de la revue annonçait des auteurs déjà connus, ou en passe de l'être : Isaac Asimov, Fredric Brown, Clifford Simak, Richard Matheson. Plus tard, *Galaxy* publiera Ray Bradbury et son *Fahrenheit 451.* La science-fiction racontait alors, avec une grande précision scientifique, des récits apocalyptiques sur l'inéluctable fin de l'humanité. Un genre qui connaît aujourd'hui du succès en dehors même de la littérature SF : en 2006, *La Route,* de l'Américain Cormac McCarthy, fut distingué par le prix Pulitzer de la fiction et adapté au cinéma par John Hillcoat.

Des antihéros aux superhéros

Grâce aux pulp magazines, donc à la presse, les années vingt et trente révélèrent tout un tas d'auteurs et d'illustrateurs de renom. Ces derniers allaient être les leviers de l'autre grande nouveauté de cette période, pivot de base de la future pop culture : les comics. Petits frères des pulps, comme nous l'avons vu en début de chapitre, ils sont à l'origine du neuvième art (la bande dessinée) et d'une mythologie : celle du superhéros. Les Superman, Batman, Wonder Woman ou Captain America, suivis après la Seconde Guerre mondiale par Hulk, les Quatre Fantastiques, Spider-Man, The Avengers et bien d'autres, font désormais partie de l'inconscient culturel collectif. Tous sont au départ des êtres de papier, les enfants des pulp magazines, héritiers aux pouvoirs surnaturels de quelques personnages extraordinaires (au sens littéral du terme) : Tarzan, d'Edgar Rice Burroughs (*Tarzan of the Apes,* première aventure de l'homme-singe, parue en octobre 1912 dans *All Story Magazine*), Zorro, de Johnston McCulley (*The Curse of Capistrano,* première histoire du vengeur masqué, cinq épisodes publiés en 1919 dans *All Story Magazine,* édité en roman cinq ans plus tard sous le titre *The Mask of Zorro*), Conan le Barbare, de Robert E. Howard (apparu en 1932 dans *Weird Tales* ; l'auteur ayant sans le savoir fondé le genre littéraire de l'heroic fantasy). Action, suspense, jungle ou monde médiéval, honneur, justice et testostérone concoctent un cocktail efficace.

Les superhéros sont aussi les cousins des enquêteurs Spade et Marlowe : aux détectives hardboiled, ils empruntent l'obsession de la justice et le caractère solitaire. À la littérature et aux grands récits américains d'alors (le roman naturaliste et le western), ils prennent le côté chasseur s'aventurant en terrain hostile. Orphelins, surnaturels, mutants et/ou survivants, ils sont différents, étrangers et mal considérés. Ils symbolisent donc aussi les immigrés (ou leur descendance) sur le sol américain.

Le tout premier superhéros avec de vrais superpouvoirs, Superman, fut créé en 1933 par deux freaks de Cleveland (Ohio), deux férus de pulps et de science-fiction, deux copains de lycée insultés parce qu'ils étaient juifs : Jerry Siegel et Joe Schuster. Le premier, adolescent, faisait des rêves récurrents, peuplés par un surhomme se situant entre le tueur de lion Samson et le demi-dieu Hercule. Son ami dessinateur, lui, pratiquait la musculation et était fasciné par les corps bien taillés, les capes et les collants qu'il voyait dans les magazines de culturisme. Surtout, il détestait le vol, l'injustice et le crime : son père était mort durant un cambriolage. À dix-neuf ans, les deux garçons fabriquèrent un fanzine, *Science Fiction*, qui racontait une histoire de savant fou dotant un homme de superpouvoirs et le transformant en un Superman qui, dans sa version primitive, était vil et cruel. Après des dizaines d'essais, ils décidèrent de revoir entièrement leur copie : le personnage devint un défenseur de la veuve et de l'orphelin. En fait, Siegel et Schuster s'étaient inspirés de leurs prédécesseurs, des codes hardboiled et du contexte économique (la crise, la prohibition, le crime organisé). Leur superhéros, sous l'identité du journaliste Clark Kent, endosse le costume de l'Américain moyen, et enquête notamment dans des clubs, où il rencontre des femmes fatales. Confronté au crime et à la corruption, il quitte le costume de reporter pour prendre cape, et développer une superforce, une endurance, une supervitesse et une capacité de faire des bonds de deux cents mètres (il ne volera que bien plus tard, lui dont les superpouvoirs fluctuèrent beaucoup une fois ses aventures portées à l'écran). En 1933, il sauve une femme injustement condamnée à mort, colle au mur un mari violent, et déjoue un complot entre un sénateur et un fabricant d'armes. Tout cela en une journée !

Les éditeurs n'accrochèrent pas d'emblée, préférant les détectives (Dick Tracy, Spade, Marlowe) et les héros plus « naturels » (Tarzan, Zorro, ou Guy l'Éclair/Flash Gordon). *Superman* trouva cependant enfin preneur en juin 1938, pour le premier numéro du pulp *Action Comics*, qui comme tous les autres coûtait 10 cents. Le succès de Superman fut tel qu'*Action Comics* imagina en 1939 une collection d'unitaires entièrement consacrés à lui. En à peine deux ans, Superman, Siegel et Schuster avaient initié une nouvelle ère dans la fiction, dans la bande dessinée, et dans les imaginaires. Plus tard, ils marqueront leur empreinte sur l'industrie du rêve naissante qu'était alors Hollywood.

Une spirale

Fin 1939, seules sept maisons d'édition se partageaient la publication de cinquante magazines de comics. Un an plus tard, ils étaient vingt éditeurs pour cent cinquante titres. Mais ces œuvres ne firent pas la fortune de leurs auteurs, car, à cette époque, celles-ci étaient la propriété exclusive des éditeurs. D'ailleurs, ces derniers n'hésitaient pas à faire mourir puis ressusciter les personnages, au gré du succès qu'ils rencontraient… voire des auteurs successifs qui les mettaient en scène. Les illustrateurs touchaient 5 dollars par page (qui comptait quatre ou cinq panneaux). C'étaient à présent dans d'immenses ateliers plongés dans le noir que, par rangées entières, auteurs, scénaristes, dessinateurs, coloristes et lettristes inventaient, inventaient et inventaient encore. Si tous avaient été influencés par les pulps, beaucoup d'entre eux considéraient néanmoins cette activité comme une étape, certes excitante, amusante, mais qui n'en restait pas moins un marchepied vers la « vraie » littérature. C'était le cas d'un certain Stanley Lieber, fils d'immigrés roumains installés à New York : il voulait être écrivain ou rien. Réservant son vrai nom pour un futur roman, il devint scénariste pour *Timely Comics* sous le pseudo de Stan Lee. Il fut à l'origine de *Spider-Man, Hulk, Les Quatre Fantastiques, X-Men* ou encore *Doctor Strange*.

Fils d'imprimeur, lui aussi new-yorkais, Bob Kane était pour sa part un enfant de la balle. Il avait vingt-quatre ans quand, en 1939, DC Comics lui commanda la création d'un nouveau personnage, du niveau de la superstar maison, Superman. Ce fut Batman, illustré par Kane et scénarisé par Bill Finger, qui apparut dans le numéro 27 de *Detective Comics* (1939), avec *The Case of the Chemical Syndicate*. Durant un an, l'homme chauve-souris fut doté d'un pistolet dont il se servait facilement. La rédaction de DC lui confisqua l'arme. Pourquoi ? Pour qu'il soit l'exact opposé de Superman : Clark Kent/Superman vit aisément le jour, vole et est si puissant qu'il déplace des planètes. Bruce Wayne/Batman est sombre, fataliste, il n'éprouve aucun remords à tuer des criminels, et surtout il n'a aucun superpouvoir. Mais, désarmé, il n'en fut que plus populaire ! Plus tourmenté, aussi, car, dès la cinquième aventure, ses créateurs lui donnèrent un fardeau pour passé : ses propres parents ont été tués devant lui, alors qu'il n'était qu'un enfant. Ses péripéties, ses amis, ses ennemis, la noirceur de Gotham City ramenaient notre superhéros à ce trauma fondateur. Même Joker, clown psychopathe digne des meilleurs pulps, est une certaine représentation de l'enfance dont Batman fut privé. Comme Superman, il eut très vite droit à sa propre série.

Ainsi furent créés les deux superhéros qui, aujourd'hui encore, demeurent les mégastars du genre. Tous ceux qui naîtront par la suite s'inscriront quelque part entre ces deux archétypes. Personnage de l'ombre, Batman était l'« héritier pop » du roman gothique anglais des XVIIIe et XIXe *siècles.* Son histoire personnelle, sa tragédie familiale, ses zones d'ombre comme son héroïsme lui insufflèrent, au fur et à mesure de la saga, une richesse dramatique, une épaisseur psychologique et politique, une profondeur artistique que Superman n'a jamais approchées. Plus carré, moins ambivalent, moins en proie au doute, ce dernier semble être un héritier direct des cow-boys d'antan. Quand Batman, lui, est un opéra rock (voir les deux opus réalisés par Tim Burton – inoubliables Jack Nicholson en Joker et Michelle Pfeiffer en Catwoman – et celui de Joel Schumacher).

Quand un superhéros cogne Hitler, l'Amérique entre en guerre

La plupart des auteurs et dessinateurs de comics aux États-Unis étaient des fils d'immigrés, juifs pour la plupart, pour qui cette culture naissante constituait le seul débouché, et le plus rapide quand on écrit ou dessine à la chaîne. Cependant qu'une partie de l'Europe sombrait dans le fascisme et que l'autre fermait les yeux, ces derniers étaient bien plus inquiets que le reste de la population américaine devant le péril grandissant sur le Vieux Continent. Par ailleurs, et bien avant l'entrée en guerre des États-Unis, l'appareil d'État américain se persuada que son armée était infiltrée par des espions allemands. C'est dans ce contexte que deux artistes juifs, Joe Simon et Jack Kirby, inventèrent un personnage prêt à s'attaquer aux nazis : Captain America, premier superhéros patriote, et premier du genre à côtoyer, dans une fiction, des personnages… réels ! *Captain America* parut en mars 1941. Il narrait les aventures d'un superhéros bastonnant les saboteurs nazis à tout va… comme le promet d'emblée la couverture, où on le voit décrocher un gros pain à Adolf Hitler. Pourtant, huit mois avant Pearl Harbor, et bien qu'elle cédât un peu à la parano, l'Amérique était loin de vouloir s'aventurer dans la guerre : taper ainsi sur la figure d'un dirigeant étranger était gonflé, risqué même, mais cela restait de la fiction. Or, le 7 décembre 1941, les avions japonais fonçant sur Pearl Harbor allaient donner une certaine légitimité au nouveau superhéros.

Incarnation même de l'idéal patriote yankee, il porte un costume inspiré du drapeau américain et est équipé d'un bouclier presque indestructible, composé d'un alliage d'acier et de vibranium (métal imaginaire), qu'il utilise comme une protection mais aussi comme une arme. Il est le premier superhéros sous stéroïdes : jugé trop chétif par l'armée, enragé de ne pas avoir pu servir son pays, il s'est laissé injecter un sérum secret qui a multiplié par millions et à une vitesse incroyable les cellules de ses muscles, qui se gonflent dès lors quasi sur demande. Il allait devenir un formidable outil de propagande, l'Oncle Sam des temps modernes, l'incarnation du héros américain, gendarme du monde au service du bien universel. La Seconde Guerre mondiale et ensuite la guerre froide donnèrent aux superhéros des ennemis à leur mesure, d'une autre dimension que des braqueurs ou des mafieux.

Captain America fut aussi une nouveauté stylistique. Kirby avait un don inégalé pour dessiner les scènes d'action : les personnages semblaient jaillir des cases, personne n'y était jamais statique. Son style révolutionna le métier, montrant que cet art était compatible avec celui qui était en passe de devenir industrie : le cinéma.

Wonder Woman, première icône féminine de la pop culture

Près de la moitié de la population des États-Unis, soit 70 millions de personnes, lisait alors des comics. Durant la guerre, ils furent l'un des vecteurs de la prise de conscience féministe, quand, en décembre 1941, dans *All Star Comics*, surgit celle que beaucoup attendaient : Wonder Woman. Son créateur, William Moulton Marston, n'était pas un artiste ni un scénariste de métier, il avait fait carrière comme scientifique et psychologue. C'est lui qui inventa le test de pression sanguine systolique, ancêtre du détecteur de mensonges. Convaincu que les femmes étaient plus fiables que les hommes et qu'elles leur étaient émotionnellement supérieures, il pensait que les USA deviendraient un matriarcat. Toute sa vie, il se battit pour la cause des femmes. Lui et son épouse, Elizabeth Holloway, étaient des partisans du « polyamour », et c'est d'ailleurs sa femme, et sa grande liberté de mœurs et d'action, qui lui inspira le personnage de Wonder Woman. Vêtue, comme Captain America, aux couleurs des États-Unis, elle fut « conçue » pour promouvoir les idéaux de la démocratie. Wonder Woman, appelée aussi princesse Diana, est l'héritière d'un antique mythe grec et vit sur une île habitée uniquement par des femmes, amazones immortelles isolées dans le triangle des Bermudes depuis trois mille ans. Ambassadrice amazone dans « notre » monde, elle possède différents pouvoirs surnaturels ainsi que des armes offertes par les dieux grecs, comme son lasso magique et des bracelets à l'épreuve des balles.

Son body hyper court, ses colliers, ses chaînes, ses menottes, grâce auxquelles elle ligote les hommes (en général des criminels), questionnaient frontalement les certitudes sur l'identité sexuelle et les structures du pouvoir traditionnel, celles de la famille ou de la société américaine. Dès 1942, ses histoires furent censurées par l'organisation nationale de l'Église catholique américaine. Elle devint l'objet d'un fétichisme sexuel après l'adaptation télévisuelle de ses aventures, diffusées aux USA entre 1975 et 1979. Le petit écran donnait à notre héroïne un côté kitsch, qui renforçait le décorum bondage, rendant le tout un peu désuet, sans pour autant desservir l'esprit d'origine. Nous qui, à l'adolescence, avions vu Lynda Carter interpréter l'amazone dans soixante épisodes maintes fois rediffusés (je n'étais pas né en 1941…), nous n'oublierons jamais les émois provoqués par sa féminité et son érotisme. Et aujourd'hui encore, dès que bruisse la rumeur d'un film ou d'une série sur le personnage, un buzz énorme alimente les suppositions les plus diverses autour de celle qui interprétera l'icône. En 2016, Wonder Woman est apparue dans le blockbuster *Batman v Superman : Dawn of Justice*. En 2017, le tout premier film *Wonder Woman* en prise de vues réelle s'annonce comme un événement. Les deux fois, le rôle est tenu par l'Israélienne Gal Gadot, déjà vue dans des opus de la saga *Fast and Furious*.

Code de moralité et resucées

Revenons à nos comics. Dans les États-Unis d'après-guerre, l'heure était à nouveau à la peur des rouges, les communistes. 1947 marqua le début d'une « chasse aux sorcières » qui dura dix ans. Le 25 novembre, la Motion Picture Association of America (MPAA), association interprofessionnelle qui défendait les intérêts des six plus grands studios hollywoodiens, fit circuler une « liste noire » de producteurs, auteurs, réalisateurs et scénaristes, parmi lesquels Charlie Chaplin ou Dalton Trumbo (qui n'avait pas encore réalisé le célèbre *Johnny Got His Gun*). Tous tombèrent en disgrâce ou connurent l'exil pour avoir refusé de s'expliquer sur leurs hypothétiques sympathies communistes. De 1950 à 1954, le terrifiant sénateur Joseph McCarthy et la « commission des activités antiaméricaines » expurgèrent la presse, la fonction publique et le parti démocrate de supposés militants « rouges ». Ensuite, le Sénat américain se pencha sur la délinquance juvénile, et se focalisa sur les violences, crimes et autres horreurs que pourraient éventuellement contenir... les comics. Invité à titre d'expert lors de la commission d'enquête, le psychiatre Fredric Wertham, auteur en 1954 de *La Séduction des innocents*, convainquit l'assistance que Wonder Woman versait trop dans le bondage, que Batman et son jeune faire-valoir Robin étaient des homos, que Superman avait une sexualité « déviante ». Bref, que ces êtres corrompaient la jeunesse. Encouragés par l'Église, des groupes de citoyens boycottèrent les superhéros, et des écoles organisèrent des autodafés de comics. Afin d'éviter une censure qui jetterait l'opprobre sur eux, effrayés par une possible future législation qui donnerait au gouvernement un droit de regard sur leurs créations, les éditeurs organisèrent leur propre autocensure, via la création de la Comics Code Authority, chargée de réguler le contenu des magazines. Proscrite, la représentation de la violence ou de la sexualité. Interdites, les publicités de tabac, d'alcool, d'armes, les images de femmes dénudées et même, soyons fous, de vampires, loups-garous, zombies ou goules ! Les mots « crime », « horreur » et « terreur » étaient bannis des couvertures. Les figures d'autorité devaient être montrées sous un jour agréable. Le divorce, traité sans idéalisme ni humour. Et, bien entendu, le bien devait toujours triompher. Le sceau de la CCA obtenu, les bandes dessinées pouvaient rejoindre les bacs où les attendaient leurs lecteurs.

Gros coup de bambou que ce retour en arrière et à l'ordre moral. Le Code fit perdre aux superhéros leur potentiel de transgression, et, de là, d'effet cathartique : sans punch, sans séduction, sans rien, ils étaient devenus de rassurants vétérans de la nation. L'empire de la morale avait détourné les codes du genre, pour montrer qu'il tenait les rênes de la première puissance mondiale. Puritaine Amérique… Si la majorité des magazines périrent – à titre d'exemple, sur les cinquante-six édités par DC, seuls six survécurent – les quelques résistants bénéficièrent d'un fort succès commercial, et bientôt d'un réseau de diffusion underground où l'utilisation des thèmes interdits était la panacée. Ce réseau contribua à mener la culture pop sur le terrain de la contre-culture. Dans le même temps, la pop épousa l'essor de la télévision. Un média ultracontrôlé, sans danger pour la bienséance. Les producteurs y diffusèrent des adaptations de *Superman*, qui se mit à voler et épousa les valeurs prônées par l'Amérique du président Eisenhower (ancien commandant en chef des Forces alliées en Europe) : bonté, justice et moralité.

DC Comics restait le leader d'un marché au point mort. Il contrôlait même son concurrent le plus sérieux, Marvel, dont il était le distributeur. En 1961, Stan Lee fit appel à Jack Kirby pour créer *Les Quatre Fantastiques*, premiers superhéros issus de la guerre froide et de la préoccupation nucléaire. Une exposition à des rayons cosmiques a donné un superpouvoir particulier à chacun des quatre aventuriers, à savoir : Mr. Fantastique a un corps élastique ; la Fille invisible se rend telle quand elle le désire ; la Torche humaine peut se protéger derrière un mur de feu, ou lancer des flammes ; et la Chose est dotée d'une force surhumaine et d'une peau recouverte d'écailles de pierre rouge. Parfois, Spider-Man, Hulk ou Thor (le dieu nordique surpuissant dont l'alter ego est un médecin handicapé) rejoignent la bande. Cette période marqua le début de la mode des « ligues » dans les comics. La Ligue de justice de l'Amérique regroupait les personnages de DC, avec comme membres les plus récurrents Superman, Batman, Wonder Woman, Flash, Green Lantern. En 1963, Marvel, avec Lee et Kirby, rétorqua, d'une part, avec *The Avengers* (Hulk, Iron Man, Thor, La Guêpe, l'Homme-Fourmi et Captain America – qui reprit du service après l'assassinat de Kennedy, car Kirby pensait que le superhéros d'avant-guerre réconforterait les Américains) et, d'autre part, avec les *X-Men*.

De la culture et des produits dérivés : typique pop

Désormais, ces ligues sont la preuve du manque de renouvellement, non des histoires, mais de la figure même du superhéros. Si la plupart de nos personnages ont perduré jusque dans les années quatre-vingt-dix, sous forme de comic books et de livres – tous édités par Marvel (et Panini en France) ou DC Comics (dont le label Urban Comics publie les ouvrages chez nous) – ils doivent leur pérennité à Hollywood, pour qui ils sont une manne inépuisable. Une fois par an, l'usine à rêves livre un de ses blockbusters. Citons, entre autres : *X-Men* (2000, pour le premier d'une longue série), *Hulk, Spider-Man* (2002), *Daredevil* (2003), *The Punisher* (2004), *Les Quatre Fantastiques, Elektra* (2005), *Ghost Rider* (2007), *Iron Man* (2007, 2008, 2009 et 2010), *Thor* (2011), *Captain America* : First *Avenger* (2011), *Avengers* (2012), *Captain America – Civil War* (2014) et sa suite en 2015, *The Avengers* – L'Ère d'*Ultron* (qui a rapporté 1,4 milliard de dollars à travers le monde).

Dans les années quarante, les esprits médisants voyaient les comic books comme un secteur bâti sur l'argent de poche des mômes. Certes, ce fut aussi pour eux, les « mômes », que les superhéros furent l'objet de produits dérivés : figurines, gadgets, jouets, vêtements, montres, et même publicités sur des emballages de conserve. Quatre-vingts ans plus tard, les pourfendeurs considèrent le genre comme un fonds de commerce hollywoodien, dénué de toute qualité artistique. Loin d'être tous des chefs-d'œuvre, les films sus-cités demeurent certes des objets pour fans (c'est le cas des sagas de superhéros, mais aussi de *Star Wars* ou des *James Bond*), mais nul ne peut leur enlever une inventivité visuelle et une esthétique cinématographique tout à fait honorables.

Comme nous l'avons vu, les comics étaient à l'origine une sous-culture. Devenus culture à part entière, objets d'une véritable industrie, celle de l'entertainment, ils connurent un destin typique dans la pop culture, oscillant entre underground et mainstream.

Aux esprits chafouins, nous rappellerons que de nombreuses séries qu'ils regardent aujourd'hui sont des adaptations de comics : le plus connu, créé en 2003 et toujours en cours de publication, est *The Walking Dead,* scénarisé par Robert Kirkman et illustré par Charlie Adlard. Adapté en série télé depuis 2010, *The Walking Dead* est devenu une référence du genre, et a participé à remettre au goût du jour la thématique des zombies, en vogue aujourd'hui dans les films d'horreur. Comme tous « les genres » littéraires, les comics anticipèrent ou accompagnèrent des préoccupations politiques d'avant-garde : T'Challa, la Panthère noire, créée en 1966 par Lee et Kirby, préfigure la Blaxploitation, cinq ans avant le film *Shaft,* de Gordon Parks ; Wonder Woman est une figure féministe ; en 1970, Spider-Man sauve un jeune garçon suicidaire d'une overdose.

De Warhol à Tarantino : une pop culture issue des pulps et des comics

Initiant un esprit pop qui, comme on le verra dans ce livre, n'est jamais snob et demeure toujours curieux des nouvelles voix, le comics emprunte à la peinture (surréalisme, expressionnisme), au cinéma, à l'art optique et au roman de gare. L'on y discerne déjà les prémices de ce que sera le pop art dans les années soixante.

Bien que les pulp magazines aient eu peu de succès en dehors des États-Unis, ils ont accouché de plusieurs genres littéraires ou les ont popularisés – du thriller au roman historique, en passant par la comédie sentimentale, les histoires de vampires et/ou les politique-fictions. Ils favorisèrent aussi l'émergence rapide, à partir de la Seconde Guerre mondiale, du *paperback*, autrement dit le livre de poche. Un format petit et bon marché, idéal pour des histoires à l'avenant, qui avait vu le jour dans les années trente, et qui allait se démocratiser en France, en Angleterre et aux États-Unis. Objet éphémère et un peu kitsch (donc estampillé pop), permettant une diffusion de masse, le pulp magazine eut ainsi une influence sur le livre comparable à celle des 45-tours pour la musique... Et si Quentin Tarantino a une culture (revendiquée) de « genres », c'est en hommage aux cinémas américain et japonais mais aussi aux littératures nées du pulp. Toute son œuvre le prouve, jusqu'au titre qu'il envisagea un temps pour *Pulp Fiction* : *Black Mask*... Au printemps 2016 parut *Fight Club 2*, de l'Américain Chuck Palahniuk, la suite de son *Fight Club* paru en 1996 et adapté au cinéma en 1999 par David Fincher. Cette suite n'était pas un roman : outre-Atlantique, elle fut publiée en une minisérie de dix comics chez Dark Horse (en France, il fut directement adapté en roman graphique, édité par le label Super 8 des éditions Sonatine). En 2016 comme en 1994, donc, *pulp's not dead*.

1950-1960
Le pop art
et l'énergie de la Californie

Aujourd'hui, Londres est à sept ou huit heures de vol de New York. Soixante ans avant l'écriture de ces lignes, l'avion reliait déjà les deux villes. Mais elles étaient aussi connectées par un mouvement pictural, une nouvelle idée des toiles, des couleurs et des pinceaux : le pop art. Aujourd'hui encore, il demeure un trait d'union entre les deux capitales. Si c'est dans la mégapole américaine qu'il prit toute son ampleur, c'est bien dans la capitale anglaise qu'est née cette révolution artistique. Tout commença en août 1956, quand une quarantaine d'artistes participèrent à une exposition internationale baptisée *This is Tomorrow*, à la Whitechapel Art Gallery de Londres. Avant même la révolution pop (chroniquée au chapitre suivant, patience), un mouvement fut estampillé pop.

Aux origines du pop art : une télé, un tourne-disque, une pin-up et un bodybuilder

L'exposition à la Whitechapel Art Gallery est considérée comme le faire-part de naissance du pop art. Cet été-là, un certain Richard Hamilton y expose *Just What is it That Makes Today's Homes So Sifferent, So Appealing ?* (*Qu'est-ce qui fait donc que les foyers d'aujourd'hui sont si différents et si agréables ?*), un collage de 23 centimètres de hauteur sur 25 centimètres de largeur. L'œuvre, qui représente une pin-up et un éphèbe, avec muscles saillants et maillot de bain taille XS, contient les composantes principales de l'iconographie pop telle qu'elle sera définie quelques années plus tard à peine. Le décor est en couleurs, les deux personnages en noir et blanc. Le collage est constitué principalement de photographies découpées dans des revues. La scène se passe dans un salon contemporain (télé, tourne-disque et poster de comic), salon dont le cliché est tiré d'une publicité publiée dans le magazine féminin américain *Ladies Home Journal*, numéro de juin 1955, décrivant… « la mode moderne en matière de sols ». Le titre du collage s'inspire d'ailleurs du slogan de la réclame : « Just what is it that makes today's homes so different, so appealing ? Open planning of course – and a bold use of color. » (« Qu'est-ce qui rend exactement les maisons d'aujourd'hui si différentes et si agréables ? Un aménagement ouvert, bien sûr – et un usage audacieux de la couleur. ») Le bodybuilder est Irvin Koszewski, vainqueur du concours Mr. L.A. en 1955, ici photographié pour le numéro daté septembre 1954 du magazine *US Tomorrow's Man*. L'escalier provient d'une publicité pour le nouveau modèle d'aspirateur de la marque Hoover. Le tableau au mur est la couverture d'un pulp de young romance, *Young Love*. Le téléviseur est un modèle Stromberg Carlson, provenant d'une publicité de 1955, et le tapis, un agrandissement d'une photographie représentant une foule sur la plage de Whitley Bay, près de Newcastle. L'image de la Lune au plafond est découpée dans le *Life Magazine* de septembre 1955. L'homme du portrait au mur est John Ruskin, écrivain, poète et artiste anglais du XIXe siècle. La vue à travers la fenêtre provient d'une photographie de la façade d'un cinéma en 1927, pour la projection initiale du *Chanteur de jazz* (le premier film parlant de l'histoire du septième art). Bref, mis à part Whitley Bay et John Ruskin, tous les ingrédients du collage sont américains.

L'œuvre regorge de symboles de la société de loisirs et la culture populaire industrielle : électroménager moderne, publicités, femme-objet et mâle au corps luisant. Reprenant l'esthétique du collage en arts plastiques des dadaïstes et des surréalistes, Hamilton et les autres exposants sont les premiers à associer deux champs qui jusqu'ici s'opposaient : l'art pour l'art et l'esthétique consumériste, union qui en partie caractérise la pop culture. Réfléchissant sur la culture de mass media favorisée par les pulps (voir chapitre précédent), cette révolution artistique s'appuyait sur la presse, la publicité, les arts visuels, en maniant le détournement et l'ironie.

L'œuvre de Hamilton, première icône du pop art, est désormais propriété de la Kunsthalle de Tübingen (Allemagne). Hamilton n'a pas tout inventé, il a en partie repris des techniques employées à la fin du XIXe siècle par Aubrey Beardsley, graveur et illustrateur associé à l'Art nouveau, mort en 1898 à l'âge de vingt-cinq ans, puis par les dadaïstes : une diversité de graphies et des objets triviaux élevés au rang d'œuvres d'art. De fait, le pop art est une prolongation du dadaïsme : aux impulsions destructives, satiriques et anarchiques du mouvement dada, il répond par la représentation et l'affirmation détaillée des objets façonnés de la culture de masse. Les précurseurs du pop art s'intéressèrent aux champs de la communication et de la consommation (leurs œuvres mixaient photos de publicités pour des voitures ou des appareils électroménagers divers et variés, des clichés de machines à sous, d'almanachs et de calendriers érotiques bon marché, de stars…). Ce faisant, ils réfléchissaient à la notion de « populaire », sans hiérarchie entre les objets que recouvrait ce qualificatif, dans une esthétique du recyclage qui deviendra une révolution culturelle…

Les galeries s'ouvrirent vite à ces nouveautés. La presse se fit l'écho du côté subversif des toiles, certains détournements étant considérés comme scandaleux par les tenants d'un art « noble ». Car le pop art, tel que théorisé par une bande d'artistes londoniens constituée en 1952 sous le nom de The Independent Group, est né en réaction aux approches trop intellectuelles des dadaïstes et des modernistes aussi bien que de l'académisme traditionnel des Beaux-Arts. Parmi les têtes pensantes et les vedettes du « IG » figure Eduardo Paolozzi, auteur d'une série de collages intitulés *Bunk (Couchette)*, composés de publicités, de personnages de bande dessinée et de couvertures de magazines, dans une tentative de synthèse de la culture populaire américaine. C'est sur l'une de ses œuvres, intitulée *I Was a Rich Man's Plaything (J'ai été le jouet d'un homme riche)*, que l'on trouve la première utilisation du mot « pop », lequel apparaissait dans un nuage de fumée émergeant d'un revolver. Dans la bande figurait aussi le conservateur britannique Lawrence Alloway, lequel, s'il ne fut pas le premier à employer le terme « pop art » (c'est l'artiste et sociologue John McHale, en 1954), fut l'un des principaux critiques à défendre la culture de masse et le pop art comme formes d'art légitimes. Et, enfin, Richard Hamilton (1922-2011), qui, un an après son triomphe à This is Tomorrow, énumérait les caractéristiques du pop art : « populaire, transitoire, durable, peu coûteux, produit en masse, jeune, spirituel, sexy, astucieux, glamour et big business ». En pleine guerre froide, l'artiste fut très actif dans la campagne pour le désarmement nucléaire, prenant notamment part à des marches pacifiques. En 1962, à la suite du décès de sa première épouse, morte dans un accident de voiture, il se rendit pour la première fois aux États-Unis. Il y rencontra des artistes pop du cru, et se lia d'amitié avec Marcel Duchamp, naturalisé américain quelques années auparavant. Revenu à Londres, Hamilton fut un proche du marchand d'art Robert Fraser, pivot des Swinging Sixties. C'est grâce à lui qu'il rencontra Mick Jagger, devint ami avec Paul McCartney, et réalisa la couverture et les affiches du *White Album* des Beatles (1968).

Le pop art américain, enfant terrible de l'art et des comics

Fils d'une famille juive venue d'Allemagne, le jeune Roy Lichtenstein commença à dessiner à l'adolescence. Ses influences étaient diverses : l'Art déco, les slogans publicitaires, mais aussi les superhéros des comics et des feuilletons radiophoniques. Mobilisé dans l'armée américaine et envoyé en Europe de 1943 à 1945, il devint, à la fin des années cinquante, enseignant près de New York. La ville était alors en passe de devenir le centre du monde artistique, supplantant Paris, attirant le peintre Jackson Pollock ou Jaspers Johns (le néodadaïste). Un certain Leo Castelli ouvrit, dans l'Upper East Side, à Manhattan, une galerie (fréquentée par Warhol) où Lichtenstein présenta quelques pièces en 1961, avant sa première grande exposition, l'année suivante. Après avoir été attiré par le cubisme, l'artiste s'était mis deux ans plus tôt à reproduire fidèlement des personnages tirés d'albums de Mickey : ce fut par exemple le *Look Mickey* de 1961, pièce inintéressante et nullement subversive, issue d'un défi lancé par l'un de ses fils, mais qui fit un tabac. Peu à peu, Lichtenstein emprunta à des comics plus adultes, à des scènes de couples ou bien de guerres : le tableau *Whaam !*, en 1962, est inspiré d'un album de DC Comics, *All American Men of War*. Il s'agit d'une peinture de grande taille (1,7 m sur 4) qui présente un avion de combat tirant une roquette sur un engin volant, dans une explosion jaune et rouge coiffée de l'onomatopée « Whaam ! ». L'artiste considérait lui-même le pop art non pas comme « une peinture américaine, mais une peinture industrielle », et utilisait des images de dessins animés ou de comics, et des techniques de reproduction dérivées de l'imprimerie commerciale. Recadrant les strips originels qu'il recopiait soigneusement, soulignant très fortement le contour des personnages, intensifiant violemment les couleurs d'origine, il leur donnait une nouvelle existence. Lors de sa première exposition chez Leo Castelli, toutes les pièces furent vendues avant même l'inauguration !

Lichtenstein appliqua à la culture mainstream et au discours publicitaire le recyclage qui était, déjà chez Hamilton, le dispositif narratif de base du pop art. Mais il y apporta une touche personnelle : il était alors le seul à utiliser les points Ben-Day, technique d'impression tramée dont les cercles donnaient du grain à l'image, apportant aussi du relief à celle-ci. Il fit subir aux images qu'il « pompait » le même sort que celui que Warhol réservait aux photos de Presley ou aux boîtes de soupe Campbell : recadrage, délavage, détournement. Moins connu du grand public que Warhol, car plus discret et moins touche-à-tout artistiquement, Lichtenstein n'en est pas moins l'autre grande référence du pop art. En témoignent les succès de ses expositions et des rétrospectives (comme celles de 2013 à Beaubourg) de ses 4 500 tableaux, sculptures et lithographies. Également sculpteur et affichiste, Lichtenstein était un hyperactif – comme tous les artistes américains d'après-guerre, conscient d'avoir survécu à l'horreur, et s'adonnant avec frénésie à la création… et à la consommation. « Le pop art regarde dans le monde. Il ne ressemble pas à la peinture de quelque chose, il ressemble à la chose elle-même », disait-il.

Le pape du pop

« Le pop art a mis l'intérieur à l'extérieur et l'extérieur à l'intérieur. » La phrase claque comme un slogan, on la comprend intuitivement : du Warhol dans le texte. Aujourd'hui, presque trente ans après sa mort, en 1987, tout le monde connaît l'artiste. Si ses films sont tombés dans l'oubli, ses sérigraphies d'Elvis Presley, de Marilyn Monroe ou de Mao, et ses 302 représentations de Jackie Kennedy (réalisées à partir de huit photos de presse) ont fait le tour du monde. Alors qu'il a contribué à populariser le principe philosophique pop qui vise à mettre l'accent sur l'inanité d'un objet de consommation en le répliquant presque à l'infini, Warhol (1928-1987) est lui-même devenu un sujet (vivant puis posthume) de récupération, et personne ne peut dire que c'est à son corps défendant. Dans les magasins de souvenirs new-yorkais, des boîtes de soupe Campbell, un motif qui a propulsé Andy Warhol au firmament du pop art, ornent mugs et tee-shirts. La banane dessinée pour la pochette du groupe de rock Velvet Underground décore les montres Seiko. Les lèvres de Marilyn mouchettent les robes de la marque anglaise Pepe Jeans. Dans le monde entier, ses motifs décorent des coques pour iPhone, des coussins, des chapeaux, des parapluies, des boîtes à chaussures. Warhol, l'un des plus grands inventeurs que le XXe siècle ait enfantés, est aussi devenu un produit. Warhol, c'est l'alliance, typiquement américaine, de l'art et du capitalisme.

Enfant, Andy était fasciné par les vitrines des magasins et les affiches publicitaires. S'il s'épanouit à l'université (à savoir le Carnegie Institute of Technology, où il était étudiant en art), c'est le plus grand magasin de sa ville natale, Pittsburgh, qui fut sa véritable source d'inspiration.

Il y fut engagé pour imaginer des vitrines accrocheuses. Un travail pour lequel il feuilleta *Vogue*, le *Harper's Bazaar* et des publications étrangères : le jeune homme y découvrit une mine d'informations sur la mode, les célébrités, la haute société, l'art, la littérature, les expositions, la culture populaire. Toute sa vie durant, il collectionna journaux, magazines et publicités. Il s'installa à New York en 1949. En 1955, la prestigieuse marque de chaussures I. Miller embaucha celui qu'on surnommait alors « Raggedy Andy » (« Andy le dépenaillé ») et qui commençait à faire jaser à Manhattan… autant que ses illustrations commerciales non conventionnelles qu'il avait commencé à réaliser pour le magazine *Glamour*. C'est ce que recherchait la marque I. Miller. Les dessins accrocheurs signés Warhol s'étalèrent alors dans les pages du *New York Times* chaque semaine, et firent gagner des clients à la marque, et des admirateurs à Andy Warhol.

Au contraire de la plupart des autres artistes à l'époque, il trouvait que la photographie, la publicité et la BD n'étaient pas ordinaires, et qu'elles pouvaient être considérées comme de l'art. Car pour lui – comme pour tous les artistes pop – tout pouvait être élevé au rang d'art. Durant l'hiver 1961, il profita de l'espace que lui offrait sa nouvelle maison new-yorkaise pour se mettre à peindre ses premières (grandes) toiles. Il fit, lui aussi, des héros de BD ses premiers sujets : Popeye, Dick Tracy et Superman. À la différence de ses délicates représentations de chaussures, ses toiles montraient des couleurs vives. Il débordait alors d'idées, et reproduisit des pubs de frigo, de téléviseur, d'aspirateur, de perceuse, d'un vieux téléphone, d'une machine à écrire. Puis, se rappelant qu'enfant il raffolait des soupes concentrées Campbell, il fonça acheter toutes les variétés de la marque (tomate, légumes, poulet, vermicelles, poivre et autres). Il décida de peindre les 32 variétés sur des toiles de 50 centimètres par 40. Ces reproductions et les « vraies » boîtes se ressemblaient comme deux gouttes d'eau. En mai 1962, le jeune et énergique marchand d'art californien Irving Blum, de passage à New York, visita l'atelier de Warhol. Voyant ces soupes, il proposa alors de l'exposer bientôt dans sa galerie Ferus, à Los Angeles, alors bastion isolé de l'art contemporain. Ce soir de septembre 1963, le vernissage fut peu couru, seuls quelques clients fidèles de Blum acceptèrent de claquer 100 dollars pour… une boîte de soupe, certes signée Warhol. Parmi eux : l'acteur Dennis Hopper et sa femme, qui toute leur vie demeurèrent ses fidèles compagnons, et ceux de la Factory et de toute la pop culture américaine.

Rapporté dans le très bon ouvrage de Deborah Davis *Andy Warhol va à Hollywood*, le road trip qu'il entreprit de New York à L.A. révéla à l'artiste une Amérique vrombissante, XXL et beatnik, et allait engendrer bien des changements. Dans son périple, Warhol fut accompagné de l'acteur Taylor Mead et des poètes Gerard Malanga et Wynn Chamberlain. En sillonnant la mythique Route 66, arpentée dix ans avant par Jack Kerouac, ils écoutaient plein pot les hits du moment sur leur autoradio : *Be My Baby* des Ronettes, *My Boyfriend's Back* des Angels, et autres girls bands ; mais aussi la surf music alors à la mode : *Surfer Girl* des Beach Boys et le *Wipe Out* des Surfaris. Par-dessus tout, rapporte Deborah Davis, Warhol fut frappé par ces enseignes au néon et les centaines de panneaux d'affichage qui bordaient les routes et les autoroutes. Ils étaient aussi gigantesques que ses toiles, et disposés dans un séquençage bien étudié : à l'image d'un strip de bande dessinée, c'étaient trois ou quatre affiches qui, chacune avec son illustration et son message, formaient une illustration globale et restituait le sens du slogan. Le marché publicitaire était devenu florissant…

La Californie, une place « pop »

Faisons une digression de quelques lignes sous le soleil de la Californie. Au début des années soixante, avant même la côte Est, l'État donna aussi le *la* de la pop aux USA, avec l'avènement de la surf music, dont les meilleurs représentants sont les Beach Boys (voir le chapitre suivant). Bande-son de la génération du baby-boom, la surf music succède à un rock plus classique inspiré du rockabilly et du blues qu'avaient connus ses parents, et qui était arrivé en Europe dans les années cinquante. La surf music emprunte à la culture du surf : le cool, les filles en bikini, le soleil, les chemises par-dessus le bermuda. Venue du comté d'Orange et du sud de la Californie, elle se compose de deux sous-genres : le surf rock (genre instrumental caractérisé par une guitare électrique à la réverbération et au tempo élevés, un saxophone jouant la mélodie principale ; c'est Dick Dale ou The Belairs) et la surf pop (genre vocal qui emprunte les éléments dansants du précédent avec une touche de ballade et de rockabilly : The Beach Boys).

À cette époque, qui dit Californie dit aussi bikers. Ces derniers firent la jonction entre virilité et rock'n'roll. Ces hommes tout de cuir vêtus étaient, pour nombre d'entre eux, d'anciens soldats et aviateurs de l'armée américaine qui, rendus à la vie civile de retour au pays, étaient encore marqués par la violence de la guerre et les effets des amphétamines qu'ils avaient ingurgitées à l'occasion de combats de plusieurs jours. Les bandes de bikers se battaient entre elles et faisaient pétarader leurs engins, cependant elles étaient moins violentes que leur réputation le laissait croire.

C'est un week-end de juillet 1947 que naquit le mythe des garçons sauvages : Hollister, une petite ville californienne, fut alors envahie par 4 000 bikers qui s'étaient donné rendez-vous à l'initiative de l'American Motorcyclist Association. Prévenus, les habitants et les commerçants se barricadèrent. Comme attendu, les bikers se saoulèrent et se battirent un peu partout dans les rues et les bars, mais aucun incident majeur ne fut à signaler. Or, les rares policiers de la petite ville furent dépassés par leur propre peur et par la nouveauté d'un tel rassemblement, et produisirent des photos puant la mise en scène. Résultat : la presse exagéra la gravité des incidents. La figure du motard hors la loi prit forme, avec sa Harley lustrée et, surtout, la combinaison perfecto-casquette-lunettes d'aviateur, sorte d'ange inquiétant pour une jeunesse qui hésitait entre la rébellion et le pacifisme pour s'inscrire dans le monde de l'après-guerre.

Sorti sur les écrans le 30 décembre 1953, le film *L'Équipée sauvage*, de László Benedek, imposa le biker comme une icône de la société américaine, avec Marlon Brando – le rebelle par excellence – et Lee Marvin en chefs de bande. Autre idole perçant alors : James Dean, mythifié après sa mort, était l'incarnation vivante de la vitesse et de la rébellion. Dean, que son regard débordant de tristesse rendait plus profond encore, était la référence des blousons noirs parisiens, plus violents que les motards américains : ils pratiquaient une petite délinquance – vol de voitures, descentes dans les bals et les fêtes, bagarres, etc. – que découvrait la France gaullienne. Celle-ci élevait des tours, et bâtissait des villes nouvelles où ces jeunes s'emmerdaient ferme. Sans le sou, il leur fallait souvent escamoter le cuir d'un autre pour pouvoir arborer cet attribut bad boy. Tous les blousons noirs regardaient en direction de l'Amérique, du rock, de Dean, de Brando, des bikers, de la mythologie western. C'est alors que Vince Taylor, rocker aux textes sombres qui héroïsaient la violence et la mâlitude, Yankee habillé de cuir noir de pied en cap, devint une idole des jeunes en France.

C'est à San Francisco que le collectif anarchiste des Diggers vit le jour, en 1959. Immortalisé dans le livre d'Emmett Grogan (*Ringolevio*, « La Noire », Gallimard, 1998), ce rassemblement informel était constitué autour d'une troupe de théâtre de rue, la San Francisco Mime Troup, avec à sa tête Ron G. Davis. La troupe jouait « au chapeau »... et sans autorisation (il en fallait alors une pour se produire dans les parcs). Semant les flics qui les pourchassaient, les artistes paradaient, et invitaient leurs spectateurs à envisager autrement leur rapport à la culture. Proches, ensuite, du Free Speech Movement des étudiants de l'université de Berkeley (en 1964-1965) puis de la Nouvelle Gauche américaine, les Diggers prônaient la gratuité des spectacles... et de la nourriture – ils distribuaient d'ailleurs à manger aux marginaux. Ce mouvement beatnik agissait dans la Californie des sixties, et rassemblait des artistes qui, eux aussi, pensaient la contre-culture comme une rencontre entre musique rock, art vivant et engagement politique.

LES ÉCRIVAINS DE LA POP

Des pulps américains il y a un siècle, jusqu'à Stephen King aujourd'hui, la littérature est un repère pop. Durant l'entre-deux-guerres, les pulps ont inventé une nouvelle presse mais aussi rénové des genres romanesques, comme la science-fiction ou le roman noir. Après la Seconde Guerre mondiale, un mouvement littéraire mit en avant des auteurs qui sont les premiers écrivains « pop » : ceux de la Beat Generation, Jack Kerouac, William Burroughs et Allen Ginsberg. Issu de l'argot américain, « beat » signifie « fatigué », « cassé », mais, pour Kerouac (1922-1969), le terme évoquait surtout la béatitude, et aussi le son jazzy dont il était fan. Mouvement littéraire informel, la bande se laissa accoler le terme « beatnik », contraction de « beat » (le battement, la pulsation, en musique) et de Spoutnik, le satellite russe (car, en plein maccarthysme, ces auteurs, pacifistes, étaient assimilés à des communistes).

Jack Kerouac, de son vrai nom Jean-Louis Kérouac (il était d'origine bretonne et québécoise), demeure le plus connu. Nomade dans l'âme, il partit en virée à travers les États-Unis. Trois voyages en trois ans, en autostop, en camion, en passager clandestin d'un train, ou avec des compagnons. À son retour, Kerouac écrivit *Sur la route,* en trois semaines (du 2 au 22 avril 1951), sur un rouleau de papier de trente-six mètres de long. Récit d'un road trip initiatique quasi autobiographique, empli de drogues, de musique, de rencontres, porté par un flow hérité de la passion de l'auteur pour le jazz et le bebop, le roman traite de la quête d'absolu de son auteur, mais aussi de toute sa génération. Livre fondateur de la Beat Generation, il fut un best-seller dès sa sortie, en 1957.

Autre beat, William Burroughs (1914-1997), adepte des expérimentations dans sa propre vie comme dans sa littérature, tomba dans l'errance et la drogue après avoir accidentellement tué la femme qu'il venait d'épouser (les jeunes mariés revisitaient la performance de Guillaume Tell avec un pistolet et un verre de gin en guise d'arc et de pomme). Après une cure de désintoxication, il fit éditer ce qui deviendra son plus célèbre roman, *Le Festin nu* (1959). Descente aux enfers d'un junkie, roman aux visions incantatoires, il est une kermesse mêlant politique, drogues et sexe. Poursuivi en justice pour obscénité, l'auteur *du Festin nu* sera finalement acquitté.

Avides d'anticonformisme et de révolte face à une société de consommation américaine qu'ils trouvaient absurde, précurseurs de la libération sexuelle, les écrivains beat furent un symbole de la contre-culture. Sans eux, il n'y aurait pas eu d'Angry Young Men dans l'Angleterre pré-Beatles, ni de hippies partout dans le monde à partir de la fin des sixties.

Allen Ginsberg, le cadet de nos écrivains beat (1926-1997), fut la figure de proue du mouvement hippie (il serait, selon certaines sources, le créateur du slogan « Flower Power »), en particulier avec son célèbre poème *Howl* (« Hurlement ») en 1955. Censuré après un retentissant procès (lui aussi pour « obscénité »), il ne put être publié officiellement qu'en 1957, et devint le manifeste de la Beat Generation... et de toute la jeunesse, laquelle épousait la violente diatribe de Ginsberg contre le rêve américain et ses dérives. L'auteur dénonçait l'arme nucléaire, et dépeignait une jeunesse éprise de drogues et de sexe. Contemporains des Diggers en Californie[1], les écrivains beat inspirèrent directement des songwriters et chanteurs comme Elvis Presley, Jim Morrison, Bob Dylan ou Tom Waits (ces deux derniers ayant revendiqué leur fascination pour *Sur la route*), mais aussi le jeu et l'attitude de Marlon Brando ou de James Dean.

On peut considérer qu'ils influencèrent aussi les plumes du journalisme gonzo, mode de reportage en immersion et d'écriture à la première personne, qui vit émerger Hunter S. Thompson, Tom Wolfe, Truman Capote, Norman Mailer, et dont les héritiers spirituels sont aussi bien des écrivains comme Jay McInerney ou Bret Easton Ellis (lesquels doivent autant au gonzo qu'à Salinger, qu'ils citent toujours), que la génération des critiques rock apparus avec le punk ou l'indie

1. Voir le chapitre « Le pop art et l'énergie de la Californie », p. 43.

pop (en France, Laurent Chalumeau, Philippe Manœuvre, Michel Embareck, Patrick Eudeline, Michka Assayas, etc.). Côté romanciers, Philippe Djian avoue ce qu'il doit à Kerouac, tout autant qu'à ses autres maîtres comme Roth, Hemingway, Salinger, Faulkner et Carver. Par son style lyrique et cash, par la dimension borderline de ses personnages à la malice et à la perversité délicieuses, Djian est aussi un écrivain pop.

En littérature, l'objet pop est le livre de poche. Créé dans les années 1925-1930 en Allemagne, en Grande-Bretagne, en France (Albert Pigasse créa la collection Le Masque, formats réduits à bon marché, en 1927) et aux USA, le livre de poche vit son développement retardé par la guerre, mais il s'imposa dès les années cinquante. Sa maquette, sa taille, son format cheap le rapprochaient de l'esthétique des pulps américains. Acheté en masse car peu onéreux, le paperback (appellation anglo-saxonne) joua pour le livre et la littérature le même rôle que le 45-tours pour la musique. Ce fut Marabout en Belgique (1949), qui put – entre autres – lancer les aventures de *Bob Morane,* par Henri Vernes. Puis le Livre de poche en 1953, par la Librairie générale française (futur Hachette Livre), suivi de concurrents divers comme J'ai lu en 1958, 10/18 en 1962, Points/Seuil en 1970 et Folio deux ans plus tard. Outre un accès plus facile à des classiques (de Racine à Balzac et Zola, de Platon à Kafka), le « poche » – comme on dit de nos jours – permit le développement des genres éclos dans les années trente : science-fiction, polar, aventure, romance. Un auteur majeur comme Stephen King aurait sans doute mis plus longtemps à avoir une telle reconnaissance sans ce format, lui qui œuvre dans la littérature d'épouvante, de suspense, de science-fiction. Idem pour un auteur au croisement des beatniks et du rock comme Charles Bukowski.

En parlant de genre, citons à nouveau cet écrivain qui débuta avec le western littéraire, puis se mit au polar, qu'il déclina en comédies et en romans de gangs. Enfant de La Nouvelle-Orléans, vivant à Détroit mais écrivant aussi sur Miami, Elmore « Dutch » Leonard (1925-2013) fut un orfèvre du dialogue, du portrait tendre et de l'entourloupe romanesque. Adapté au cinéma par Abel Ferrara, Quentin Tarantino, Steven Soderbergh, Barry Sonnenfeld, John Frankenheimer ou Paul Schrader, il fut remarquable par la profondeur de ses textes, son humour et sa justesse. Tarantino lui-même avoua que, sans Dutch, il n'aurait pas été le cinéaste qu'on connaît.

Dans les années quatre-vingt-dix, Michel Houellebecq se fit un nom en France en publiant *Extension du domaine de la lutte*, qui décrit notamment la solitude de l'homme moderne. Aujourd'hui, il est l'un des écrivains français les plus connus et les plus sulfureux. Par son style clinique et cynique, par sa façon de décrire le nihilisme psychologique et politique de notre temps, mais aussi par une ironie héritée de Louis-Ferdinand Céline comme des rockers qui l'habitent (il a travaillé avec Iggy Pop), Houellebecq est le plus rock de nos écrivains contemporains.

La décennie quatre-vingt-dix vit aussi naître certains des meilleurs écrivains pop, comme Chuck Palahniuk (le Houellebecq yankee, auteur de *Fight Club, Monstres invisibles, Survivant, Berceuse*, ou le tout récent *Fight Club 2* paru en comic books aux USA), avec des histoires nettement plus timbrées que celles des Français et tout aussi provocantes. Raillée autant qu'encensée en 1994, après la publication de *Baise-moi*, Virginie Despentes a, en vingt ans de carrière, imposé sa verve et ses obsessions littéraires dans notre paysage romanesque : style oralisant mais racé, personnages énervés, thématiques très « enfants du rock » (violence, génération émergente, zone, road trips) et féminisme hardcore. Elle est, avec Houellebecq, le meilleur écrivain pop français actuel. Cela aurait pu être le cas de Maurice G. Dantec (1959-2016), fils spirituel du grand J. G. Ballard dans l'Hexagone. L'auteur de *La Sirène rouge* et des *Racines du mal*, pur produit de la contre-culture et des années quatre-vingt, parvint à raconter l'Europe des années quatre-vingt-dix dans un genre qu'il dépoussiéra : le technothriller, un suspense en général violent, sur fond de guerre ou de meurtres en série, où la technologie et la science ont la part belle. Même s'il n'était pas le raciste qui a souvent été décrit par ses détracteurs, il s'enfonça dans un anti-islam primaire dans les années deux mille. Son verbe en pâtit, et sa littérature aussi. Le parcours de cet écrivain brillant, faisant alterner polar et science-fiction, reste représentatif du passage de la contre-culture à la contre-révolution.

Enfin, de nos jours, il ne saurait y avoir d'écrivains pop sans écrivains du football.

Les Britanniques Nick Hornby, John King, David Peace ou Irvine « Trainspotting » Welsh racontèrent la dimension sociale de ce sport, cette fameuse « culture foot » qui est si pop.

Retour à Warhol

Peu après son retour de Californie (c'était avant les événements que nous évoquions plus haut), Warhol se mit en tête de trouver un atelier géant où pratiquer simultanément plusieurs activités artistiques. Dans un quartier sans intérêt, au cinquième étage d'un immeuble sans cachet, il dégotta un loft délabré. Son ami Billy Linich, concepteur d'éclairage, recouvrit les murs d'un papier alu qui faisait comme une sorte d'écrin argenté – les cosmonautes portant alors des combinaisons argentées, cette teinte était identifiée à l'espace. La Factory était née ! Après une soirée de lancement le 21 février 1964, elle devint rapidement le lieu de l'art total et triomphant. Warhol la transforma en QG de l'underground et de la fête. S'y côtoyaient des « acteurs sous contrat » (Taylor, les « it girls » Jane Holzer et Edie Sedgwick, les drag-queens Candy Darling et Holly Woodlawn), des prostitué(e)s, des drogué(e)s, des personnalités du show-biz. Entre 1963 et 1968, Warhol y réalisa seize films, avant de se tourner vers la sérigraphie, en rendant non seulement « artistiques » des produits fabriqués en masse, mais en popularisant la production industrielle de l'art lui-même. Warhol disait alors qu'il voulait être « une machine ». Son travail est rapidement devenu populaire, ainsi que controversé… et extrêmement cher. Avec le recul, cependant, certains critiques en sont venus à voir Warhol et sa représentation de la superficialité marchande comme « le plus brillant miroir de notre temps », soutenant que « Warhol s'était emparé de quelque chose d'irrésistible dans la culture américaine dans les années soixante-dix ». Warhol était alors considéré comme un « artiste d'affaires »… ce qu'il revendiquait.

Peinture, photographie, cinéma, presse, mais aussi musique… Warhol créa une cinquantaine de pochettes d'album, depuis les commandes de la maison de disques Columbia Records dans les années cinquante (Toscanini, Monk, Barney Kessel…) jusqu'à Aretha Franklin, Liza Minnelli, John Lennon, les Rolling Stones – la braguette sur la pochette de *Sticky Fingers*, c'est lui ! Son chef-d'œuvre dans le domaine reste celui du Velvet Underground.

Antre de débauche et pépinière artistique, la Factory se voulait (selon l'idée du maître des lieux) un endroit où l'on entrait anonyme pour en ressortir superstar. Situé d'abord, en janvier 1964, au 231 East sur la 47e Rue, puis déménagé en 1968 au sixième étage du 33 Union Square West (dans le même immeuble que… la permanence du parti communiste), ce quartier général de la pop fut tour à tour galerie d'exposition, studio de tournage, salle de projection, salle de concert et boîte de nuit. Le lieu changeait de fonction selon les réunions du gratin de la jet-set et de la culture mainstream ou underground : Dali, Burroughs, De Niro, Dylan, entre autres, s'y croisèrent. L'important était d'être une star, et, pour être une star, il suffisait de s'en convaincre, et de se trouver au bon endroit. Le Velvet Underground, groupe essentiel dans l'histoire du rock, et facette musicale du projet de la Factory, a chanté les figures qui ont foulé les lieux. C'est en 1965, au Café Bizarre à New York, que le pape de la pop fut frappé par le son glacé de quatre jeunes musiciens : Lou Reed, John Cale, Sterling Morrison et Maureen Tucker. Il les installa à la Factory, devint leur manager, créant une série de performances aussi révolutionnaires qu'insupportables : pendant le concert, les corps des musiciens servaient d'écran pour des projections vidéo, des créatures, hommes ou femmes, dansaient au-devant de la scène, les enceintes crachaient des sons saturés. Avec eux, Warhol eut quand même un bel élan romantique : au forceps, imposer Nico comme chanteuse du groupe, pour greffer à ce dernier la dimension ténébreuse et maternante qui lui manquait alors. Leur son se fit plus romantique, mais aussi plus sombre, lancinant, et un peu dépressif.

La Factory, en ébullition permanente – avant les fêtes quotidiennes et les drogues à volonté – se transforma en un mix pénible de groupe de parole, d'agence pour l'emploi, de salle de torture, de boîte de nuit et d'hôpital de jour. L'atmosphère mortifère de ce qui ressemblait de plus en plus à une caverne fut accentuée par la tentative d'assassinat dont Warhol fut victime en 1968, dans le hall de son antre, quand Valerie Solanas tira sur lui à trois reprises : déclaré pendant un temps cliniquement mort, Warhol survécut de justesse, mais il ne récupéra jamais complètement, dut porter un corset jusqu'à la fin de ses jours, et bien sûr sécurisa son QG. Ayant échappé à la mort, l'artiste devint obsédé par l'image et par la trace laissées par les hommes célèbres sur cette Terre. Il invitait chaque nouvel entrant dans la Factory à s'installer trois minutes seul devant la caméra. Offrant à chacun la possibilité d'avoir son fameux « quart d'heure de célébrité » *(fifteen minutes of fame)*, il interviewait ainsi des célébrités sans cérémonie, et traitait des inconnus en superstars. Difficile, aujourd'hui, de ne pas y voir l'ancêtre de la téléréalité. Jouant avec sa propre représentation artistique et se dissimulant derrière toute sorte de filtres, de masques ou de postures, Warhol a entraîné dans son sillage une myriade de photographes qui, comme lui, se situèrent au croisement de l'art et de la mode, comme Richard Avedon ou Robert Mapplethorpe.

Transformant souvent sa propre image et son storytelling, il peut être considéré comme l'inventeur du selfie, mais aussi d'une autofiction qui tourne en rond. Le consommateur d'images, chantre du détournement, de la reproduction, de la série, a ouvert la voie à Richard Prince ou à Christopher Wool. Le peintre du quotidien, banal ou désastreux, a influencé les enfants terribles de la génération suivante, Jeff Koons, Damien Hirst, Ai Weiwei...

Cet homme fut autant une œuvre d'art que... ses œuvres elles-mêmes. Artiste, réalisateur, écrivain, magnat des médias, merchandiser, visionnaire et jet-setter, provoquant autant l'admiration que la répulsion, il demeure à jamais un créateur dont les prophéties facétieuses n'en finissent pas de nous parler, à nous qui sommes entrés dans le XXIe siècle. Biberonné aux superhéros et à la pub, petit frère des beatniks et parrain du mouvement pop rock, Warhol fut la toute première superstar de la pop culture. Il en est l'incarnation aussi brillante qu'outrancière – du plus désuet au plus profond.

En route vers la révolution pop

Des années vingt aux années cinquante, les pulp magazines et les comic books ont fait de la culture un divertissement, mais un divertissement novateur, engagé, intelligent et fédérateur. Épousant ses codes couleur et sa façon de raconter en cases, le pop art n'a jamais renié ses liens avec le capitalisme tout en se dotant d'une touche arty : la subversion. Par ailleurs, le pop art est un art total, fait de superpositions et de métissages, qui forment l'ADN même de la pop culture. En pleine croissance économique, où la consommation des ménages avait explosé, la démarche de ces artistes apparut autant élitiste que rock.

1960-1970
London's burning, la révolution pop des sixties

La plupart des gens, face au mot pop, pensent à des notes. À du rock. C'est dans les années soixante que le terme fut associé, non plus seulement à l'art de Warhol et de ses collègues, mais à une musique. Comme pour l'art susdit, c'est de Londres que vinrent les secousses de cette révolution sonore. Des jeunes y embrassèrent à fond l'esprit pop, et donnèrent naissance à une culture qui influa sur la façon de vivre de toute une génération.

Londres se prépare...

À la fin des années cinquante, l'Angleterre est à un tournant. Bien qu'elle soit dans le camp des vainqueurs de la Seconde Guerre mondiale, elle est (tout comme la France) confrontée à la perte de son empire colonial et de son leadership mondial. La société anglaise, encore très puritaine, n'avait guère évolué depuis la fin du règne de la reine Victoria (1819-1901). Aussi, quand, en dix ans, entre 1950 et 1960, le monde occidental accède à la consommation de masse, l'Angleterre connaît une révolution inattendue. Jusqu'alors au royaume, et depuis le XIXe siècle, théâtre, grande musique (entendez : musique classique) et art en général étaient réservés à l'« upper class », dans un système qui se perpétuait sans heurts. Mais cet édifice commence à vaciller avec la production et la diffusion en masse des livres de poche, des tourne-disques (ce mot si désuet aujourd'hui...), des postes de radio et de télévision : une démocratisation s'amorçait ainsi de la culture des élites, qui se voyaient obligées de s'y adapter. Comme toute l'Europe de l'Ouest depuis la Libération, le pays est sous l'influence des États-Unis, qui ont apporté durant la guerre le Coca-Cola, les chewing-gums et le rock. Et la jeunesse anglaise a adopté cette « youth culture » venue des USA. Les jeunes Britanniques comprirent immédiatement le message subversif du rock'n'roll. Le 45-tours est encore une trouvaille réservée aux plus fortunés, si bien que le rock se diffuse d'abord par le juke-box, lequel se généralise dans les coffee bars courus par les jeunes. Des rues et des quartiers entiers deviennent les terreaux de revendications inédites, d'une nouvelle liberté : Oxford, St. Giles High Street, Tottenham Court Road, Soho. La musique est essentielle à notre affaire : alors que l'élite tenait l'édifice culturel par le théâtre et le livre, la nouvelle génération ne jurait que par le rock'n'roll. Cette musique était devenue « le signe, l'expression de ce que nous voulions », rapportait la presse de l'époque en citant ces jeunes. L'Angleterre avait muté.

Beatlemania, pop et... underground

Avant le 13 octobre 1963, les Beatles étaient « quatre gars de Liverpool ». Les jeunes gens semblaient sages, ils s'étaient pourtant encanaillés lors de cinq séjours... à Hambourg, dans le quartier de Sankt Pauli. Aujourd'hui encore, celui-ci est le poumon alternatif de la ville, abritant un club de football dont le rayonnement militant et antifasciste est salué dans le monde entier. Entre 1960 et 1962, les quatre Anglais qui venaient à peine de trouver leur nom y apprirent à jouer ensemble et sur scène – celle de l'Indra et du Star Club. Tout en posant les bases de leur réputation : si le commissariat du quartier est devenu le plus célèbre d'Allemagne, c'est parce que Paul McCartney et Pete Best y furent incarcérés pendant trois heures, le 4 décembre 1960, à la suite d'accusations d'incendie criminel – ils auraient mis le feu au Bambi Kino, leur lieu de résidence artistique – avant d'être expulsés du territoire. Sankt Pauli est un chapitre important dans l'histoire du groupe. « Je suis peut-être né à Liverpool, mais j'ai grandi à Hambourg », déclara bien plus tard John Lennon. Comme tous les professionnels de l'époque, ils jouaient en complet-veston. Mais ils arboraient une coupe de cheveux au bol à leur image : sage en apparence, mais subversive. John Lennon, Paul McCartney, George Harrison et Pete Best (remplacé par Ringo Starr en 1962) étaient d'origine sociale modeste, ayant grandi dans la banlieue de Liverpool. Autodidactes, ils furent influencés par le rock'n'roll d'Elvis Presley, de Chuck Berry, de Buddy Holly, Little Richard et Gene Vincent, mais aussi par le blues noir américain de Muddy Waters.

Au soir du 13 octobre 1963, après leur passage dans le « Sunday Night at the Palladium », le très populaire show télévisé de la BBC, ils devinrent un phénomène qui déferla sur l'Occident : la « Beatlemania ». Dès le lendemain, les disquaires furent pris d'assaut, et les jeunes Anglaises en transe. Leur premier titre, sorti le 5 octobre 1963, ne s'était classé que dix-septième des palmarès de ventes : *Love Me Do*. Mais après ce 13 octobre, et jusqu'en 1966, le groupe plaça consécutivement douze titres en tête des charts britanniques. Ce soir-là, en les voyant, en les entendant swinguer leur accent provincial, toute une jeunesse se sentit représentée au pays des bonnes manières, et certifiée conforme par la BBC. Ce soir-là, le nord de l'Angleterre, dont l'industrie et l'économie déclinaient au profit du Sud, plus riche et plus moderne, oubliait tout complexe d'infériorité culturelle. C'est là que naquit la vague qui déferla sur Londres et provoqua le déclic de la révolution pop.

Les Beatles n'ont pas inventé la pop – tout avait déjà incubé – mais ils en furent l'agent révélateur. Ils furent les messagers de cette nouvelle parole divine qui balaya tout sur son passage, le vaisseau amiral de cette révolution, mais aussi ses prophètes. À partir de 1965, le mot pop devint l'un des termes les plus employés en Angleterre – surtout par les jeunes, par leurs parents dépassés, par la presse et par les publicitaires. Jusque-là cantonné à la peinture anticonformiste du pop art, son contenu s'élargit, d'abord pour qualifier une musique populaire auprès des jeunes, ensuite pour rendre compte d'un véritable mouvement culturel. Les maisons de disques pistaient sans relâche de nouveaux groupes. Cinéma, littérature, théâtre furent aussi contaminés par le mouvement pop. « Être pop », c'était être à la mode, dans le vent, ressembler aux Beatles ou aux Rolling Stones – les éternels frères ennemis. C'était s'habiller et se coiffer dans certaines boutiques de Carnaby Street. Se démarquer du monde adulte et du sérieux de son décorum. Vouloir profiter de la vie, de la ville, faire la fête – et un doigt d'honneur à l'establishment.

La presse épousa largement le mouvement, en premier lieu, bien entendu, les journaux spécialisés dans la musique : le *Melody Maker* et le *New Musical Express*, puis *Record Mirror, Disc Weekly, Music Echo*. La radio, elle, demeura longtemps réticente : jusqu'au début des années soixante, aucune onde ne diffusait de la pop. Le pouvoir maintenait un contrôle total sur tous les programmes. Le directeur de la BBC était payé par l'État. Les radios commerciales, elles, craignaient de perdre leur autorisation d'émettre. Le monopole de la BBC dura jusqu'à l'invention du transistor.

Le dimanche de Pâques 1964, des dizaines de milliers de gens entendirent les voix de Chris Moore et Simon Dee annoncer : « Vous écoutez Radio Caroline sur 199. » La station émettait depuis les eaux internationales, au large des côtes britanniques de l'Essex. Une radio pirate qui passait de la pop ! Une autre voie de la révolution. Ronan O'Rahilly, un jeune producteur irlandais, avait acheté un ancien ferry danois, le *Fredericia*, rebaptisé *MV Caroline*, pour le transformer en station de radio équipée en matériel dernier cri et diffuser cette musique rejetée par les stations officielles. Voulant créer son propre label indépendant, il avait vu la porte de la BBC se fermer sous son nez quand il y avait débarqué avec, dans les mains, le disque d'un de ses artistes, Georgie Fame. Il trouva alors cinq mécènes riches à millions, acheta le *Fredericia*, embaucha des ingénieurs, acquit deux émetteurs d'une puissance de dix kilowatts (à 50 000 livres l'unité). Il installa par la suite un second navire au large de l'île de Man, afin de pouvoir émettre à Liverpool et à Manchester.

Radio Caroline compta 7 millions d'auditeurs en quelques mois à peine. D'autres stations pirates virent le jour par la suite (Radio London, une opération américaine à gros moyens, Radio Britain, Radio King, etc.). Croyez-vous que le gouvernement, dirigé par le travailliste Harold Wilson depuis 1964, entendit l'écho et libéra les ondes ? Au contraire, il fit tout pour discréditer l'image romantique des stations pirates, et finit par les avoir à l'usure en jouant sur leurs difficultés financières, leurs querelles et concurrences internes. Quand O'Rahilly remonta une autre station grâce à un financement suisse, sous le nom de Radio North Sea, on brouilla sa fréquence. Wilson criait victoire… mais il avait tort. Car les travaillistes venaient d'abaisser l'âge légal du droit de vote à dix-huit ans, transformant en citoyens de plein droit des auditeurs de ces radios interdites. Pour les élections générales de 1970, O'Rahilly mobilisa des bus dans toutes les circonscriptions travaillistes, colla des affiches contre leurs candidats, et contribua à leur défaite lors d'élections qui paraissaient gagnées d'avance. La dimension contre-culturelle de la pop s'était révélée.

Londres devient « Swinging London »

Au début des années soixante, c'est-à-dire peu avant Radio Caroline, Ronan O'Rahilly tenait l'un des clubs les plus connus de Londres : The Scene, à Ham Yard, qui allait devenir un temple *mod* (nous y reviendrons). En quelques années, la capitale anglaise vit les boîtes de nuit, les bars et les clubs rock se multiplier. The Scene servit alors de modèle à des dizaines d'établissements : le Flamingo, lui-même au-dessous d'un autre club, le Whisky a Go Go (où se croisaient macs, bohèmes et voyous), ou encore la psychédélique UFO. C'étaient en fait des « upper clubs » : ces lieux exceptionnels (l'Ad Lib, par exemple, était juché au dernier étage d'un bâtiment de Leicester Square) accueillaient des restaurants beatniks puis se métamorphosaient en clubs une fois la nuit avancée. En peu de temps, ils eurent la visite régulière de Bob Dylan, de jeunes stars de cinéma, de sportifs de renom. Comme l'écrivit Andrew Loog Oldham (le manager des Stones jusqu'en 1967) dans son autobiographie *Rolling Stoned* (Flammarion, 2006) : « The Scene, c'était génial, enfumé, bruyant et plutôt mal famé… Tout le monde carburait aux amphètes. À cette époque, tout le milieu de la pop carburait aux amphètes. » Une façon de faire avancer la nuit, et de la vivre à fond – drogue, sexe et rock'n'roll. D'autres drogues circulaient à l'époque, le speed (la drogue des mods), la méthédrine, l'herbe et les acides, entre autres.

Le 15 avril 1966, un article de l'hebdomadaire américain *Time Magazine* actait ainsi la transformation : « Dans un monde autrefois paisible de la splendeur passée, tout ce qui est nouveau, désinhibé et excentrique fleurit au cœur de la vie londonienne. » Signé par Piri Halasz, l'article était intitulé « London : the Swinging City ». Le titre fit école, puisque très vite on parla de « Swinging London ». Paris mis out (existentialisme vieillissant et chansons à texte dépassées), New York isolé et élitiste, Berlin emmuré pour longtemps, c'est bien à Londres que l'underground réveilla les esprits asphyxiés par les bombes. La métropole londonienne, plus qu'aucune autre, fut jusqu'en 1978 (et la fin de la première vague punk en Angleterre) le carrefour de tous les arts, le rendez-vous des dernières modes et la base principale de la contre-culture mondiale.

Pour beaucoup, la pop est plus douce que le rock, moins engagée, moins fiévreuse. Pour beaucoup, le rock serait le cuir et la pop le velours. Ici, nous pensons le contraire, et c'est d'ailleurs l'une des raisons d'être de ce livre, qui défend une version plus bétonnée de la pop.

1966 : la pop dans l'âge adulte

En 1966 s'ouvrirent les portes de la perception, avec l'arrivée en force du LSD, chanté par les artistes et les écrivains beatniks à New York. Cette année-là, la soul triomphe (*It's a Man's Man's Man's World,* de James Brown, *You Keep Me Hangin'On,* des Supremes). C'est l'année du sombre *All Tomorrow's parties* de Nico et du Velvet Underground, de la pop acidulée de The Mama's & the Papa's, ou des *Sucettes* écrites par Gainsbourg et chantées par France Gall. Percy Sledge sortait *When a Man Loves a Woman,* et les babas cool Simon & Garfunkel, *Sounds of Silence*. Cet été-là, aussi, l'Angleterre, qui a inventé le football, remportait la Coupe du monde organisée sur son sol.

En France, Michel Polnareff faisait arriver une certaine pop musique, avec *La Poupée qui fait non* – une chanson écrite en anglais, *The Doll Who Says No*, et réadaptée après le refus des producteurs londoniens à qui il l'avait proposée – *L'Amour avec toi* et *Love Me, Please Love Me* ; et le magazine *Rock & Folk* était lancé, accouchant du même coup d'une rock critic à la française.

Des deux côtés de l'Atlantique, le rock était devenu la corde vocale d'une jeunesse qui, repue, prenait ses distances avec la société de consommation dont elle avait jusqu'ici joui sans complexe. Elle se politisait, se souciait du Vietnam, du droit à l'avortement, du féminisme, de l'énergie nucléaire. Soufflait alors un vent de révolte, porté par le rock et le folk militants issus de la protest song (Woody Guthrie, Joan Baez ou Bob Dylan).

En décembre 1965, *Rubber Soul*, le sixième album des Beatles, avait ouvert la voie avec des textes plus sérieux et plus philosophiques, une musique plus élaborée. C'est leur premier disque qui ne contient aucune reprise d'un standard du rock. Huit mois après seulement, *Revolver* est plus novateur encore : le dernier morceau par exemple, *Tomorrow Never Knows*, est joué sur un seul accord, le do, et ses traficotages de bandes par plusieurs magnétophones branchés en direct annoncent le rock psychédélique. En juillet, John Lennon lance son « Nous sommes plus célèbres que le Christ » lors du concert à Manille, devant cent mille personnes. Peu avant, en mai, de l'autre côté de l'océan, les Beach Boys changeaient de braquet, rompant avec la surf music des débuts pour se mettre à la pop d'envergure : *Pet Sounds* est plus qu'un disque, c'est un rêve éveillé, si sophistiqué qu'il fit d'eux le meilleur groupe pop rock au monde cette année-là.

1966, c'est l'année du premier double album de rock : *Blonde on Blonde,* de Bob Dylan, long torrent de folk, de rock, de blues, de country unis en un tourbillon électrique. Même Jean-Luc Godard devient pop, avec deux films en un an : *Masculin Féminin* et, surtout, *Made in USA,* œuvre inspirée à la fois des séries B et du pop art. En mars, le passage des Rolling Stones à l'Olympia provoqua une émeute. En avril, et en dix jours, le groupe enregistrait *Aftermath.* À l'instar des Beatles, il s'agit pour les Stones de leur premier album entièrement composé de chansons originales, parmi lesquelles *Paint It Black, Under My Thumb, Lady Jane* – chacune ayant une couleur musicale différente. Le groupe faisait montre d'une qualité d'écriture, d'une palette musicale, de combinaisons et d'improvisations magistrales qui l'imposèrent en major du rock.

Bien des domaines, en cette année, se laissèrent tenter par la pop. Parmi eux, l'art narratif aujourd'hui mainstream : les séries télé. Le 17 septembre 1966, sur CBS, c'est le tout premier épisode d'une saga dont la chaîne diffusera sept saisons : *Mission : impossible,* au générique entêtant, la main qui craque une allumette en gros plan et le thème musical de Lalo Schifrin, tout en cuivres et en percus. Chaque épisode débute par une voix enregistrée au magnétophone : « Bonjour, monsieur Phelps. Votre mission, si toutefois vous l'acceptez... » Les agents de l'IMP (Impossible Missions Force) sont envoyés dans des pays fictifs d'Amérique du Sud et d'Europe de l'Est, pour des aventures qui se situent quelque part entre *James Bond* et *SAS.* Pour preuve de sa modernité pop, elle fut déclinée en comics, puis une en nouvelle série télé diffusée entre 1988 et 1990 sur ABC. *Mission : impossible* devint ensuite un jeu vidéo et donna naissance à cinq films entre 1996 et 2015 – réalisés entre autres par John Woo ou Brian de Palma, avec Tom Cruise en personnage principal.

Mais l'œuvre télévisuelle US la plus pop demeure *Star Trek*, et elle aussi vit le jour en 1966 grâce au producteur Gene Roddenberry, après un accouchement compliqué : deux pilotes furent tournés pour convaincre les producteurs. Guerre, impérialisme, eugénisme, lutte de classes, féminisme, rôle de la technologie : *Star Trek* reprend les codes connus de la science-fiction. Mais sa nouveauté, narrative et politique, fut d'envisager l'inconnu non comme une menace ou une différence indépassable, mais comme une frontière à franchir, comme un nouvel ailleurs désirable. *Star Trek* était résolument optimiste, épousant ainsi une caractéristique fondamentale de la pop culture : ne pas ignorer le côté obscur du monde, de l'homme, du passé et du présent, mais vivre sans fatalisme et avec hédonisme. La première série fut diffusée trois ans durant, de 1966 à 1969. Mais, de celle-ci à *Star Trek : Enterprise* (2005), elle connut cinq suites sous forme de séries réalisées par des studios, réalisateurs et comédiens différents. *Star Trek,* c'est aussi treize longs métrages entre 1979 et 2013, des centaines de novélisations en romans ou en bandes dessinées, et des dizaines de jeux vidéo. *Star Strek* fut précurseur d'un business model que de nombreuses sagas au succès phénoménal appliquèrent par la suite (*Star Wars,* par exemple) : l'« univers étendu ». Un plan marketing qui, outre les gadgets et produits dérivés dédiés, comprenait des déclinaisons narratives, des films ou livres unitaires ne se consacrant qu'à un personnage. Ainsi, *Star Trek* devint une marque. Sur le plan financier, ce fut aussi une franchise, appartenant à la Paramount Pictures, elle-même détenue par le groupe de médias CBS. En 2015, ce dernier a d'ailleurs annoncé une nouvelle mouture de la série, qui devrait être diffusée en 2017.

1966 est donc l'année phare de la décennie. Car la pop s'est invitée partout : elle se fait rock et annonce le mouvement psychédélique à venir, ou encore la vague hippie et sa philosophie peacefull.

Identité : pop

Le mouvement pop fut une lame de fond surpuissante, mais les élites se bouchaient le nez et se bandaient les yeux. En outre, le phénomène laissait pantois pas mal de ses adeptes. Qu'est-ce qui était pop ? Qu'est-ce qui ne l'était pas ? Comment trouver une définition valable pour des domaines aussi différents que le cinéma, la peinture, la littérature, la musique, le théâtre ? Certains journaux britanniques, antijeunes, comme le *News of The World,* le *Daily Mirror,* le *Daily Mail* ou le *Sun,* présentèrent sommairement la pop culture comme une fabrique d'objets à scandale. Par populisme ou traditionalisme, ils se focalisaient sur des histoires de drogue, sur la vie sentimentale mouvementée des popstars, ou sur les magouilles financières d'imprésarios véreux. Mais le *Times,* le *Guardian* ou l'*Observer* publièrent des analyses de plus haute tenue. Ils avaient su voir comment ce « pop » allait influencer la culture occidentale. Ils avaient compris sa caractéristique principale : injecter une bonne dose de subversion et d'ironie dans la culture dominante, ôter à la « culture de masse » ses connotations péjoratives. À l'issue de cette décennie soixante, on peut distinguer quelques caractéristiques qui définissent l'identité de la pop music :

- Par nature subversive et transgressive, la pop music fustige avec ses textes l'autorité, l'école, les flics, les parents ;

- Elle n'a pas vocation à concurrencer frontalement la culture traditionnelle mais se place à côté, comme une culture alternative ;
- Elle use d'ironie, de mauvais goût, de provocation, voire de vulgarité ;
- Elle est conçue par et pour des jeunes (en gros, les quinze-trente ans) ;
- Elle utilise des airs entraînants et populaires, des formats courts qu'on mémorise facilement, adaptés aux playlists des radios… quand les stations s'y décideront ;
- Elle est touche-à-tout.

En quelques années, la pop music comptait déjà plus d'adeptes que le jazz en quarante ans (jazz moderne, progressif, free jazz). Pour la première fois depuis les philosophes des Lumières, ce n'était pas une idéologie mais bel et bien un genre culturel qui rassemblait les peuples. Londres et Liverpool, où le destin des Beatles s'est joué, furent aussi les deux villes de naissance d'une culture pop qui se mâtina de rock, pour donner une direction à la jeunesse. Aujourd'hui encore, avec Manchester, elles symbolisent l'Angleterre musicale, footballistique et culturelle.

GEORGE BEST (1946-2005), LA PREMIÈRE POPSTAR DU FOOTBALL

En septembre 1969, les Beatles, au top depuis presque dix ans, sortent l'album *Abbey Road*. Au même moment, la presse leur trouve un nouveau membre, un Irlandais du Nord que l'Angleterre, puis le monde entier, surnomme le « cinquième Beatles », un dieu du football, que tout supporter vénère : George Best. John McEnroe et les Rolling Stones à lui tout seul, Best ne se contenta pas de jouer au foot. Best fut le foot. Une incarnation pure, sur le terrain, des swinging sixties britanniques : la liberté, l'inventivité, le spectacle permanent, mais aussi une bonne dose d'autodestruction. Best, c'était une gueule d'ange aux yeux clairs et à la démarche juvénile qui évolua en une tronche burinée et barbue sous une longue tignasse.

Nord-irlandais, né à Belfast, il avait quinze ans lorsqu'en 1961 il accompagna un ami à Manchester, où il fut recruté au sein du grand Manchester United, club qui se remettait alors à peine d'un terrible crash d'avion, survenu le 6 février 1958 à Munich : alors que l'équipe revenait d'un match à Belgrade et continuait d'asseoir sa domination en Coupe d'Europe, la catastrophe entraîna la mort de vingt-trois des quarante-trois passagers. Seuls trois joueurs sortent indemnes de la catastrophe. Il fallut dix ans pour remonter un collectif compétitif, qui se vengea du destin en remportant le trophée européen en 1968, grâce à un but de Best, élu meilleur joueur et honoré du fameux Ballon d'Or de *France Football* cette année-là.

Dribbleur génial, il fut aussi un grand buteur (178 buts en 466 matchs avec MU, de 1963 à 1974). Vif, rapide, insolent, capable de chevauchées fantastiques comme de petits ponts en série, de retours en arrière et de nouveaux petits ponts sur le même joueur, pour le ridiculiser : un mix de football british, pour la sueur, et brésilien, pour la vista. Aujourd'hui encore, pour beaucoup, Best reste le meilleur joueur britannique de tous les temps. Ne lui manqua qu'une gloire internationale en Coupe du monde, l'équipe nationale d'Irlande du Nord, malgré sa participation à l'Euro 2016 en France, n'ayant jamais pu prétendre à de grandes joutes internationales... Incapable de respecter les règles tactiques d'un échiquier quadrillé, Best échappait aux codes, irritant partenaires et adversaires, divertissant le public et, surtout, marquant des buts à la pelle, désamorçant ainsi les rappels à l'ordre de ses coéquipiers disciplinés.

Best devint l'incarnation, dans le monde du sport, de l'esprit des années soixante, caractérisées par une jeunesse en rébellion, par l'influence américaine, les revendications pour la dépénalisation de l'homosexualité et pour la légalisation de l'avortement, par les luttes féministes, mais aussi par la révolution pop. Il fut le premier footballeur à tourner dans une publicité (pour les saucisses anglaises !). Sa grâce sur la pelouse, son mode de vie débridé firent de lui la première popstar de l'histoire du foot – qui, outre-Manche, est partie intégrante de la pop culture. Mais star, c'est aussi un style de vie, que Best s'offrit dès ses vingt-trois ans. Il fit construire une maison à l'écart de Manchester, avec piscine intérieure, salle de billard et grande baie vitrée donnant sur la route… où les filles s'agglutinaient pour l'admirer. Parfois, il en invitait une pour « lui soulever le capot ». Best finit par passer le plus clair de son temps sur les plateaux de télévision et dans les bars. Il négligeait l'entraînement, arrivait en retard, et souvent bourré, aux rassemblements d'avant le match.

L'homme sombra dans l'alcool, prit du poids, se laissa pousser la barbe. Malgré son absentéisme chronique, le joueur finissait toujours par être le meilleur buteur du club à chaque fin de saison, exaspérant plus encore ses coéquipiers. Il claqua la porte en pleine saison 1971-1972, annonça qu'il rendait son maillot pour de bon, et s'installa à Marbella, en Espagne. Il n'avait que vingt-six ans. Deux semaines plus tard, il reprit le chemin du terrain, à Manchester, club pour lequel il disputa son dernier match, le 1er janvier 1974. Si Best ne prit sa retraite qu'en 1984, à l'âge de trente-huit ans, il n'évolua plus que dans des clubs de seconde zone (en Grande-Bretagne, mais aussi aux États-Unis). Lors d'un match, il dribbla un joueur, s'arrêta, se retourna pour vomir et repartit balle au pied pour centrer…

Plusieurs femmes partagèrent sa vie en dépit de son mode de vie noctambule et libertaire. Ses passages lors de talk-shows faisaient encore de grosses audiences, il y balançait ces formules qui contribuèrent aussi à sa renommée : « J'ai claqué beaucoup d'argent dans l'alcool, les filles et les voitures de sport – le reste, je l'ai gaspillé ». Ou encore : « En 1969, j'ai arrêté les femmes et l'alcool, ça a été les vingt minutes les plus dures de ma vie. » En 1984, il passa deux mois derrière les barreaux pour conduite en état d'ivresse et agression sur un agent de police. Fauché, il vendit ses trophées (dont son Ballon d'Or, pour 160 000 livres) et s'acheta une petite maison en Grèce.

En octobre 1987, un groupe de Leeds nommé The Wedding Present sortit son tout premier album : du rock noisy, guitares saturées, costaud et enivrant, une galette de quatorze chansons caractéristiques du son pop indie. Ils avaient intitulé leur disque *George Best,* un hommage au footballeur, et un pont entre le rock et le foot, typique de la culture pop british.

George Best subit une greffe du foie en 2002, une intervention qui nécessita la transfusion de vingt litres de sang. Trois ans plus tard, le 25 novembre 2005, il trouvait la mort. Lors de ses funérailles, à Belfast, sous une pluie battante, trois cent mille personnes accompagnèrent sa dépouille au cimetière.

Best a rafraîchi le football et contribué à irriguer pour toujours la culture foot. Alors, à tous ceux qui regardent des matchs, des pubs, des joueurs d'aujourd'hui : allez sur Internet, et cliquez sur les vidéos de George Best sur un terrain ou dans un bar. Vous verrez ce que peut faire un joueur qui ne se prenait pas au sérieux. Qui ne prenait rien au sérieux. Et qui n'en était que plus haut et plus fort.

Pop diversity

Après son explosion à Londres, la pop traverse à nouveau l'Atlantique. Tout au long des années soixante-dix, Angleterre et États-Unis continuèrent d'en être les deux points cardinaux, dans un perpétuel aller-retour entre Londres et New York, cependant qu'un point d'ancrage nouveau, et inattendu, s'imposa : l'Afrique. La pop culture, c'est un mouvement de pendule qui va de Joe Strummer à Grandmaster Flash, des Pistols, John Lydon, U-Roy à Lee Scratch Perry, avec une table de mixage comme nouvelle table des matières. Mais ces sons urbains, ce sont aussi des codes, des microcosmes qui se reniflent, des bandes et des communautés qui se battent ou se marient.

Rockers, mods, teddy boys : une histoire de tribus

Bref retour en arrière. On l'a vu, cette révolution est une histoire de jeunes. Et qui dit jeunes dit bandes. Celles qui suivent firent trembler Londres, avant et pendant la grande secousse des sixties.

Les teddy boys sont les fils spirituels des zazous parisiens, ces jeunes amateurs de jazz qui, du temps de l'Occupation, organisaient des concours de swing dans les caves du Quartier latin pour défier les autorités allemandes. Les teddy boys anglais sont aussi à rapprocher des blousons noirs français pour leur violence. Vestes tombant jusqu'aux genoux, jeans moulants, chaussettes bariolées : ils reprennent et détournent la mode néo-édouardienne des quartiers riches de Londres. En majorité fils d'ouvriers ou de petits employés, ils refusent de suivre le modèle socioprofessionnel de leurs aînés, préférant l'errance et les crans d'arrêt. Dans cette société d'après-guerre, ils amalgament les notions de consommation, de décadence et d'immigration. À partir de 1958, le rock fournit un nouvel exutoire à leur énergie : ils délaissent la rue pour les bars, les hangars et les caves, où ils se réunissent autour d'un juke-box ou de guitares électriques, et se défoulent sur le jerk.

Les mods, issus essentiellement de la petite bourgeoisie des villes, ont de l'argent de poche pour s'intéresser à la mode et soigner leur apparence. Les plus âgés ont une vingtaine d'années, parfois un travail (secrétaire, employé de banque, etc.). Le soir, ils se rassemblent dans les coffee bars, de préférence à Tottenham Court Road, ils vont danser dans des boîtes où ça bastonne, dopés par les speeds, les barbituriques et les pilules appelées « purple heart » (nom argotique du LSD), vendues sous le manteau pour 4 pennies. Leur tenue vestimentaire est leur premier signe de reconnaissance : costumes élégants, cravates chic, mocassins et parkas kaki de l'armée américaine. Ils portent les cheveux courts – y compris les filles mods. Les plus riches ont des gilets dorés, de savants jeux de cols, des vêtements en peau de serpent. Leur second signe de reconnaissance est le scooter, aux chromes parfaitement lustrés, avec plusieurs rétroviseurs et une dizaine de phares tout à fait inutiles : c'est moins cher qu'une moto et ça permet de transporter facilement sa conquête d'un soir. Le week-end, des hordes de ces engins longent les plages anglaises. D'abord fanas des Beatles, ils se tourneront vers la soul, puis adopteront les Who : *My Generation* deviendra leur hymne.

Les rockers considèrent les mods comme des êtres efféminés qui abusent du parfum. Pour un mod, le rocker est quant à lui une brute motorisée, crasseuse et puante. Quand ils se croisent, ils se bagarrent. Après des bastons mémorables, notamment sur les plages, les rockers perdent de l'affluence dès 1966. Le psychédélisme triomphant leur fournira plus tard un nouvel ennemi : les hippies.

Les skinheads première génération avaient les cheveux coupés ras, des costumes stricts parfois agrémentés de bretelles, de bottes ou de rangers militaires. Ces jeunes prolétaires à la limite de la marginalité, parfois vrais délinquants, manient le cran d'arrêt comme personne. En bandes, ils sont particulièrement dangereux. Souvent imbibés d'alcool (la bière est leur boisson favorite), ils traînent dans les rues des villes à la recherche de hippies à « corriger ». Le skin se dit apolitique, mais penche plutôt à droite, et il est carrément conservateur. C'est pourquoi il a adopté l'idéologie fasciste en quelques années. Pour la plupart des journalistes d'alors, les skinheads ne sont qu'une nouvelle sorte de voyous incontrôlables. Aujourd'hui, on les appellerait hooligans. Mais il est essentiel de noter que, à ses débuts, le mouvement skinhead n'est pas majoritairement raciste.

Au long des années cinquante et soixante, tout ce beau monde fréquenta les rues de Londres, où ces tribus se succédèrent, et parfois cohabitèrent. Chacune avait ses quartiers, ses bases arrière. Mais elles organisaient des expéditions punitives en terrain adverse. Cependant, à la fin de la décennie, le mouvement de jeunes arrivait à l'âge adulte. Il avait acquis un surmoi et s'était politisé, en épousant celui pour les droits civiques aux États-Unis, celui des décolonisations en Asie et en Afrique, et les interrogations autour de la question du tiers-monde.

Des rude boys jamaïcains à la première vague skinhead

À l'origine, rude boys et rude girls étaient des voyous des ghettos de la Jamaïque, ancienne colonie britannique devenue indépendante en 1962 (elle fait aujourd'hui encore partie du Commonwealth). Malgré le chômage, les injustices sociales et l'immobilisme de la société capitaliste, l'optimisme postcolonial vit émerger une scène et un genre musicaux nouveaux, le ska : une guitare qui marque un rythme à contretemps, des claviers, des cuivres, des voix. Cette musique, faite par et pour le peuple, s'intégra parfaitement à l'atmosphère de liberté qui secouait alors le pays. Plus tard, il engendrera le rocksteady, le reggae, puis le dub.

Les rude boys essaimèrent à Londres. Ils eurent même leur label, créé en 1967 : Trojan Records, filiale d'Island Records. Ces jeunes Noirs, nés et éduqués en métropole, s'avérèrent nettement moins enclins que leurs parents, immigrés et assimilés, à subir la ségrégation sociale. Le ska puis le reggae cristallisèrent l'aspiration à un nouveau système de valeurs et d'autodéfinition chez les mauvais garçons des rues et les petits trafiquants en tout genre : d'un coup, leur allure, leur démarche, le ton de leur voix allaient changer. Stimulés par la multiplication des clubs et des discothèques noirs, les rude boys adoptèrent une apparence plus branchée : couvre-chefs, lunettes de soleil, costumes italiens qui créaient un équivalent antillais du soul brother américain. Ces nouveaux dandys noirs et sophistiqués, d'une suprême nonchalance, vibraient aux rythmes du jazz, du ska, de la soul et du rhythm'n'blues.

Et reproduisaient dans leur démarche la scansion et la tonalité de ces genres musicaux. Les jeunes Antillais portaient haut leur négritude.

On s'en doute, les teddy boys, loin d'accueillir cette mixité à bras ouverts, montrèrent de l'hostilité à leur égard. Mais ils avaient une culture musicale commune avec ces rude boys, la soul, et le même goût pour la sape. Aussi, à la fin des années soixante, une partie d'entre eux rejoignirent leurs camarades antillais et jamaïcains, formant la première vague skinhead. Un mouvement qui est donc, dans ses origines et dans ses traditions, métissé et multiculturel : il n'était pas rare de voir des skinheads noirs. Ces derniers n'étaient rattachés à aucun mouvement politique, même s'ils demeuraient fortement influencés par leurs origines ouvrières. Certains prétendent que les premiers skinheads se sont tondu les cheveux pour se distinguer des hippies : rien n'est plus faux. Les textes de l'époque montrent que, là aussi, le sens de la boule à zéro est prolétaire : avoir les cheveux courts marquait son appartenance au prolétariat. Les skinheads, issus de la classe ouvrière, aimaient se battre et détestaient la police. En 1969, un raz de marée skinhead envahit le royaume. Mais, comme le mouvement punk dix ans plus tard, la vague ne dura que trois ou quatre ans.

Le label Trojan fournit alors la bande-son de cette nouvelle tribu urbaine. Les premiers skinheads écoutaient du ska (The Skatalites), du rocksteady, de la soul (des labels Stax, Motown). Bientôt allait naître le reggae, avec des artistes venus des Caraïbes (Laurel Aitken, Desmond Dekker, Jimmy Cliff, les Wailers). Les skinheads rivalisaient de pas de danse compliqués pour frimer lors des « discoes », l'équivalent des « boums » françaises, organisés dans les maisons de jeunes ou de manière clandestine chez des particuliers contre une modeste participation financière.

Les chansons traitaient de leur vie quotidienne : romance, sexe, danse, émeutes, mais étaient influencées par les thématiques typiquement comics comme le western, le kung-fu, les monstres en tout genre ou la conquête spatiale. Les skinheads sont donc de purs héritiers de la culture pulps et comics. Même après la séparation du mouvement skin entre « boneheads » (fachos) et « redskins » (antifascistes) dans les années quatre-vingt, ils sont restés à la pointe de cette culture : un skin ne rate jamais le nouveau *Star Wars*. Eh oui : les skins sont, aussi, les premiers geeks...

Beaucoup voient une preuve de nationalisme dans l'utilisation, par ces jeunes, des emblèmes de leur pays (Union Jack pour l'ensemble des Britanniques ou Cross of St. George pour les Anglais). Ce n'était pourtant qu'une forme d'appropriation d'un patriotisme cocardier, tel qu'on peut le rencontrer dans les tribunes des stades de football, où se rendaient ces garçons. Les mods, avant eux, arboraient aussi les couleurs nationales (pour le côté pop art). Et plus tard les punks feront de même par désespoir social et ironie nihiliste. Mais la violence reste une cellule souche de l'ADN skinhead.

Dès cette première vague, quelques éléments incongrus allaient participer, déjà, à construire autour d'eux un halo ambigu. Les skins blancs comme les skins noirs se mirent bientôt au « paki-bashing », ces ratonnades contre les jeunes Indiens et Pakistanais. Le 20 avril 1968, le parlementaire conservateur Enoch Powell (1912-1998) se fendit de son discours le plus connu, « Rivers of Blood », prononcé lors d'une réunion du parti, où il s'en prenait aux immigrés issus des pays récemment indépendants qui intégraient le nouveau Commonwealth. Dix ans plus tard, lors de la seconde vague du mouvement skinhead, ces derniers appliqueront à la lettre cet appel au sang.

En peu de temps néanmoins, c'est-à-dire dès 1970, le mouvement initial s'essouffla. C'était le paroxysme de la période hippie, et la naissance d'un rock à paillettes (glamrock, rock psychédélique) et androgyne (Bowie). De plus, las d'être interdits de stades et de se voir refuser l'entrée des clubs, les jeunes skins adoptèrent un style qui incorporait des éléments vestimentaires classiques à un look plus élégant (souvent inspiré des parrains de la pègre britannique) : ce fut l'avènement du pantalon cigarette, du polo Fred-Perry, des Adidas Samba ou Gazelle. Les cheveux repoussèrent un peu, et on parla alors des « suedehead » (crâne de velours) : la tribu pouvait se fondre dans la masse plus facilement.

Mouvement punk et culture Clash : l'Afrique arrive dans la culture pop

Mods, teddy boys, rockers, rude boys, skinheads : ces sous-cultures alimentèrent la veine contre-culturelle de l'époque. L'explosion du phénomène Beatles servit d'agent révélateur. Mais ces tribus instituèrent l'idée du style comme forme de refus. Elles étaient décriées ou bien glorifiées, considérées tantôt comme une menace à l'ordre public, tantôt comme des clowns inoffensifs, jugées irrécupérables, destinées à être détournées ou, justement, récupérées. Si les personnes ayant la charge de l'État freinaient des quatre fers face au multiculturalisme de cette société postcoloniale, si l'ordre moral régnait encore puissamment, la société civile anglaise avait, elle, pris de l'avance sur ses gouvernants. Elle était devenue, depuis la fin des années cinquante, une société multiculturelle, avec du rock, de l'avant-garde, des couleurs, des détournements, une jeunesse qui ne savait pas où aller mais qui inventait son chemin. Tout était réuni pour bâtir une « culture Clash » (c'est-à-dire une culture punk). Les puristes crieront au scandale de voir, ici, la musique punk incluse dans la pop.

Mais les codes de ce mouvement, son mélange de cultures, la jeunesse de ses adeptes et même son marketing, sans compter le look et le style de la rue, tout cela oblige à inclure la culture punk (plus large que la seule musique) à la grande histoire de la pop culture.

Le mouvement punk dura vingt ans : né en 1969 à Détroit avec MC 5 et The Stooges, il connut son apogée musical en Angleterre entre 1976 et le début des années quatre-vingt, influença le monde occidental jusqu'à la fin de cette décennie et l'émergence du grunge. Son empreinte est toujours palpable. Comme la culture pop, il a hérité des sous-cultures précédentes (protest song dylanien, proto-punk des Ramones à New York, situationnisme, pop art), et laissera une trace sur celles à venir : vêtements, coiffures, musiques, drogues, dans un recyclage permanent.

Le punk londonien est plus politisé, et bigarré, que celui des Américains : il est mâtiné de reggae, de ska, de rocksteady, et bientôt de dub et de boîtes à rythmes. Les Clash, représentants principaux du punk en 1976, ont pratiqué chacun de ces genres-là, si disparates. Dans la généalogie du punk, on trouve donc aussi bien les paillettes de Bowie, la rage des groupes proto-punk américains (The Ramones, Iggy Pop, The Heartbreakers), le son gras du pub rock londonien inspiré par la sous-culture mod (Dr. Feelgood), ou le beat de la soul réintroduite par les skinheads.

Ce mouvement marqua la rencontre de deux langages radicalement différents : punk et reggae. Une culture blanche, industrielle, urbaine, et une culture caribéenne, spirituelle et biblique.

Le reggae, avec son usage spécifique des percussions, c'est la voix des esclaves, de l'Afrique colonisée. Aux Antilles, elle avait été muselée : pour les autorités, et même pour l'Église, ces percus étaient considérées comme subversives, menaçantes, antisociales, et païennes. En son sein couvait la plus obscure des rébellions : la célébration de la négritude, revendiquée notamment par Aimé Césaire. Mouvement culturel à valeur sacrée, le rastafari, initié par le Jamaïcain émigré à Harlem Marcus Garvey (1887-1940), annonçait la fin des souffrances du peuple africain, en reconnectant les esclaves afro-américains avec leurs racines africaines. L'Afrique, et plus spécialement encore l'Éthiopie, devenait une terre promise, un lieu originaire à chanter, une fierté à revendiquer. Dans la continuité d'Aimé Césaire, de Léopold Sédar Senghor, de Marcus Garvey (et même s'ils n'ont rien de rasta), les Antilles, les Caraïbes et l'Afrique étaient perçues comme une immense contrée accessible par-delà les frontières de la servitude. Le rocksteady, le ska, le reggae, puis leur union avec le punk, donnèrent jour à une musique de révolte, de conscience. À Londres, des clubs comme le Four Aces, le Seven Sisters Road ou le North London rassemblaient un public majoritairement noir. Cette dimension rastafari, le punk britannique l'avait intégrée, au contraire de son confrère américain.

En août 1976, l'Angleterre comme toute l'Europe subissait une canicule sans précédent. Cette année-là, à Londres, le carnaval antillais de Notting Hill – créé en 1959 en réponse aux émeutes raciales qui avaient ensanglanté le quartier un an plus tôt – dégénéra en baston générale. Au lieu de l'habituel festival folklorique, avec ses danseurs caribéens, ses rythmes enjoués et ses costumes exotiques, l'événement se transforma en une confrontation entre jeunes Noirs en colère et policiers sur le pied de guerre :

plus d'une centaine de carnavaliers et de policiers furent hospitalisés. Le punk venait de faire son apparition.

L'interaction entre les scènes punk et reggae était engagée. Et elle n'avait rien d'artificiel : John Lydon, alias Johnny Rotten, avait déjà une énorme culture du reggae. Comme nous l'avons vu, les Clash étaient influencés non seulement par cette musique mais aussi par le style vestimentaire des Noirs jamaïcains : c'est pourquoi chacun des membres du groupe adopta un élément du code reggae (blouson kaki estampillé DUB, pantalon Levi-Strauss « Sta-Prest », godillots ou mocassins noirs). Contrairement aux jeunes rockers et mods quinze ans plus tôt, cette génération-là avait grandi dans une réelle multiculturalité, sa voisine de palier était la première génération d'Anglais noirs. C'est ainsi que le reggae devint, aussi, une idée punk.

Le dub a constitué l'étape musicale suivante, en s'appuyant sur une nouvelle technique de studio, deux ou même quatre pistes pour permettre des réverbérations, en utilisant la table de mixage comme un instrument, tout en mettant en avant la basse et la batterie – chères aux punks. Les artistes venus du reggae furent les premiers à jouer du dub (King Tubby, Big Youth ou Lee Scratch Perry). En 1978, après la séparation des Sex Pistols, John Lydon réapparut avec un nouveau groupe, Public Image Limited (PIL, qui existe toujours), fusionnant dub et rock dans une mélodie distordue, ludique et avant-gardiste. En décembre 1980, le quatrième album des Clash fut un événement : avec son titre hommage aux révolutionnaires du Nicaragua, le triple album *Sandinista* ! comptait pas moins de trente-six titres (six sur chaque face des vinyles). Ce fut surtout le premier disque de « world music », quelques années avant que les radios FM et les majors ne reprennent à leur compte ce concept. *Sandinista* ! fait alterner jazz *(Look Here)*, hip-hop *(The Magnificent Seven)*, musique de chambre *(Rebel Waltz)*, gospel *(Hitsville UK* et *The Sound of the Sinners)*, rockabilly, soul, et un peu de punk. Même s'il est accueilli froidement lors de sa sortie, il fait date et, sans lui, sans doute la Mano Negra n'aurait jamais existé. *Sandinista* ! signa aussi l'arrêt de mort de la musique punk et du mouvement en général. Au public d'aujourd'hui, il faut dire que ce triple album est au pop et au rock ce que *Twin Peaks* et *The Wire* sont aux séries télé modernes : un renouveau et un mètre étalon.

Les Clash n'ont pour autant pas périclité. À la suite d'un court passage à Kingtown en 1980, ils entamèrent une deuxième tournée américaine. Ils y découvrirent la culture hip-hop, autre forme de contestation des Afro-Américains.

La soul : une musique et un manifeste

En parlant des revendications des Noirs américains, opérons un retour aux sources. La soul music a tissé des liens avec chacune des musiques dont traite ce chapitre. Et elle a influencé bon nombre d'artistes pop contemporains, de Michael Jackson à Rihanna, en passant par Prince, Beyoncé, Amy Whinehouse. Aujourd'hui, Sharone Jones et Charles Bradley, deux artistes de soul américains, et le Français Ben l'Oncle Soul enflamment les salles et les nombreux festivals où ils se produisent.

« Soul music » se traduit en français par « musique de l'âme » : l'une de ses influences est le gospel, chant chrétien et festif lui-même issu des negro spirituals. L'autre mamelle originelle de la soul est le rhythm'n'blues, dont elle tire son langage argotique et métaphorique. Ce double héritage révèle aussi l'ambiguïté et le caractère parfois conflictuel d'un genre artistique où se mélangent aspirations spirituelles et exaltation du désir charnel.

Figure fondatrice de la soul, Sam Cooke, lui-même fils de pasteur baptiste, commença sa carrière comme chanteur de gospel avec les Soul Stirrers, groupe phare du gospel des années cinquante. De peur d'offenser sa famille et le public afro-américain fortement croyant, il enregistra son premier single non religieux en 1956 (il a vingt-cinq ans) sous le nom de Dale Cook : *Loveable*. Le ton pop fit scandale, la supercherie découverte, mais Cooke poursuivra dans cette veine, changeant plusieurs fois de labels et publiant sous son nom dès 1957. Jouant subtilement sur les deux registres originels, il adopta ensuite un style musical plus bâtard, une sorte de R'n'B mâtiné de mélancolie. Ses tubes *(You Send Me, Chain Gang, Twistin' the Night Away,* ou *Bring It on Home to Me)* firent de lui « le seul et unique chanteur » (selon les mots de Ray Charles), « le plus grand chanteur de rock'n'roll du monde » (pour Cassius Clay/Muhammad Ali). En concert, sa communion avec le public et son énergie posèrent les bases de cette musique dont on lui attribua, a posteriori, la paternité : la soul.

Comme le laissent deviner ses origines religieuses, la soul est née dans le sud des États-Unis, où ont grandi la plupart des artistes du genre les plus connus (Otis Redding ou Aretha Franklin, entre autres), mais c'est à Détroit, dans le Michigan (ville phare de la pop culture), qu'elle a pris toute son ampleur. Surnommée jusqu'alors « Motor City », puis « Motown » (contraction de Motor Town) à cause de son importante industrie automobile, la ville donna son nom au premier label soul, la fameuse Motown. C'était la fin des années cinquante, et cette musique allait connaître une influence grandissante, proportionnelle alors à celle du mouvement des droits civiques en Amérique. Elle fut, et demeure en bonne partie, « l'expression d'une solidarité noire, de la fierté d'un peuple qui souhaitait rompre avec des décennies de ségrégation, et trouvait dans ces chants le moyen idéal pour affirmer son identité et sa spiritualité », comme l'écrivait dans *Sweet Soul Music* (Allia 2003) l'Américain Peter Guralnick, spécialiste du blues, des pionniers du rock'n'roll, et de la country. À la fin des années cinquante, la jeunesse noire utilisait ce chant pour faire passer ses messages contestataires, s'opposant à la communauté blanche et au rock'n'roll, jugé moins revendicatif, qu'il soit blanc ou noir. Les deux labels les plus influents étaient alors Stax (près de Memphis), fondé par un Blanc, et la Tamla Motown à Détroit, premier grand label occidental créé par un Noir. Chacun développait un genre de soul différent : Southern soul d'un côté avec Stax, plus proche des racines, d'une soul rapide et incisive, Northern soul de l'autre, plus dansante, influencée par la pop rock, donc formatée pour passer à la radio, et jetable (dans l'esprit des musiques entraînantes et éphémères de l'industrie pop, telle qu'on l'entendait aussi en Grande-Bretagne au même moment). En lançant la Motown dans le quartier noir de Détroit en 1959, Berry Gordy appliquait à la musique noire les recettes qui avaient fait le succès de la pop blanche. Plus prosaïquement encore, il disait :

> *J'ai façonné le concept de la Motown sur les principes que j'avais appris en travaillant à la chaîne pour Lincoln-Mercury. À l'usine, les voitures n'étaient à l'origine que des carcasses sur des tapis roulants, jusqu'à leur arrivée en bout de chaîne, où elles étaient devenues de superbes voitures neuves prêtes à quitter l'usine. Je voulais créer un lieu où un gamin de la rue entrait par une porte, totalement inconnu, pour ressortir par une autre porte en artiste confirmé, en star.*
>
> *(Propos rapportés par François Thomazeau,* Univers Pop, *Le Castor Astral, 2016.)*

Il cherchait le hit, sans pour autant perdre son âme. La profession de foi affichée au fronton du garage transformé en locaux, bureaux et studios d'enregistrement des labels Tamla et Motown était d'ailleurs sans aucune ambiguïté : Hitsville USA. Une fabrique à tubes. 1959 en livra un premier : *Money (That's What I Want),* de Barrett Strong. C'est ensuite dans une usine Ford que fut tourné le premier clip soul, en 1965 : *Nowhere to Run,* de Martha & The Vandellas. En quelques années, Motown et ses disques allaient établir un nouveau canon de la musique de masse, un style de production à la fois groovy et sophistiqué, mélodique et rythmé, qui aura une influence considérable, à l'instar des Beatles. Les plus grands artistes du genre passèrent alors par la Motown : The Supremes, puis Diana Ross et Marvin Gaye, les cinq frères Jackson, Stevie Wonder. L'impact du label s'avéra considérable : avant lui, le R'n'B était noir, et la pop blanche. Gordy démontra qu'une musique noire pouvait être formatée (trois minutes, un couplet, un refrain, un pont, un ou plusieurs gimmicks), mêler une mélodie désuète mais inventive et un message faciles à retenir, le tout accessible au plus grand nombre. N'est-ce pas là l'ADN même de la musique pop des sixties ?

Dans la communauté noire, certains eurent rapidement envers ces productions le même mépris qu'avaient eu les rockers purs et durs envers les Beatles : ils les considéraient comme de la soupe par rapport au blues originel du Chicago voisin, au R'n'B plus jazzy proposé par Atlantic... ou la soul plus roots de Stax à Memphis. Mais cette rivalité entre les principales compagnies attestait également d'une réalité économique propre à ce genre musical, échappant pendant de longues années au contrôle des grosses maisons de disques et préservant ainsi son indépendance. Le « vieux » label (fondé en 1923 dans l'Alabama) Muscle Shoals valorisait quant à lui le son studio, et comptait quelques stars tels Aretha Franklin, Percy Sledge ou le redoutable (de folie, d'inventivité, d'animalité, notamment dans l'inoubliable *In the Midnight Hour,* 1965) Wilson Pickett. C'est ce dernier qui, avec James Brown, donna à la soul une nouvelle orientation : des mélodies et des rythmes syncopés, des textes sombres mais moins tragiques, écrits pour une voix qui les chanterait haut perchée, avec une dimension électrique, sexuelle. Une épiphanie noire, sonore et visuelle, qu'Afrika Bambaataa, dix ans plus tard, puis Prince, vingt ans après, sauront réinventer.

La soul accoucha du funk dans les années soixante-dix, avec des groupes comme The JB's (les musiciens de James Brown), Sly and the Family Stone, Kool and the Gang, George Clinton ou encore Prince. En 1966, les Latinos de New York inventèrent la « latin soul », également appelée « boogaloo ». Ces vingt dernières années, beaucoup des stars (auto)proclamées pop perpétuent la tradition – Mariah Carey, Amy Winehouse, Rihanna, Beyoncé – contredisant l'opinion souvent répandue au sujet de la soul, selon laquelle elle aurait connu son apogée à la fin des sixties. Soit au moment du Black Power. Il est vrai que cette période fut un âge d'or pour le genre, mais la suite (jusqu'à nos jours) prouve que son influence perdure.

Si *It's A Man's Man's Man's World* (1966) reste le titre le plus connu de James Brown, *Say it Loud (I'm Black and I'm Proud),* enregistré deux ans après, est peut-être son morceau le plus important. Le plus éminemment politique en tout cas, étendard de la Great Black Music et de la fierté noire, que le chanteur interprétait tête haute à la télé nationale. C'est cette fierté autant que ces rythmes dont s'inspirèrent peu après les pionniers du hip-hop, dans le Bronx des années soixante et soixante-dix. La transe et la danse soul servirent alors de base aux mouvements des breakdancers. Populaire, politique, révolutionnaire, physique et sensuelle : cette musique-manifeste fut un bouleversement.

Détroit, Londres, New York : du punk au hip-hop, la convergence des luttes

Restons aux States, mais revenons au punk et à d'autres musiques qui, émergentes dans les années soixante-dix, ont participé à la pop culture. La visite des Clash à New York, en mai et juin 1981, opéra la jonction entre le punk et le hip-hop, deux sous-cultures contestataires. Durant les dix-sept dates du groupe au Bond's International Casino de New York, les Londoniens découvrirent avec enthousiasme le rap et l'art du graffiti, cette culture issue des rues de la métropole américaine alors au bord de la faillite et en proie à une criminalité endémique. La ville était aussi, depuis le milieu des seventies, un immense foyer créatif pour des jeunes issus des « classes dangereuses ».

Après la période hippie, et avant que New York ne devienne la capitale culturelle mondiale dans les années quatre-vingt, la scène new-yorkaise réunit, au mitan des seventies, une bonne partie de ce qui s'était inventé des années avant à Détroit (la soul) ou en Californie (la surf music). Les New York Dolls, avec leur look de drag-queens et leur rock'n'roll sauvage, avaient investi le CBGB, une boîte de nuit fameuse qui lança les carrières de Patti Smith, Suicide, Television, The Ramones, Blondie et les Talking Heads. À quelques stations de métro, dans le sud de la ville, David Mancuso et Nicky Siano inventaient la disco moderne, célébrée quelques années plus tard dans le film *Saturday Night Fever*, de John Badham. Pendant ce même temps, dans le Nord, Eddie Palmieri, Willie Colon et les Fania All Stars importaient la salsa cubaine à East

Harlem et dans le South Bronx, et initiaient la fusion du son raffiné de La Havane avec le funk, le free jazz, la soul, les percussions africaines, influençant la musique rock avant-gardiste de Philip Glass et de Santana. Cette mégapole alors en crise vit la naissance d'une myriade de genres musicaux qui ne cessèrent de tisser des liens les uns avec les autres. Un petit laboratoire de fusions, pour une culture aussi métissée que la ville elle-même.

En 1973, Manu Dibango triomphait dans les charts US avec le hit inattendu *Soul Makossa*, et devenait l'événement d'une grande parade organisée au Yankee Stadium de New York, et dont le nom est à lui seul un symbole : la « Première Fiesta soul rock latino ». Un succès qui soulignait les racines africaines de la musique latine.

En août de la même année, des jam-sessions omnivores se transformèrent en séances de mixes géantes où œuvraient des danseurs d'un genre nouveau : les « break-boys » (ou « b-boys »). Ces danseurs funk ne vivaient que pour les breaks rythmiques des morceaux créés par les DJ, ils exécutaient des mouvements de jambes amples et à grande vitesse, avec souvent un genou en l'air, se laissaient tomber à terre de façon à se recevoir et tourner sur leur propre coccyx. Quelque chose entre Charlie Chaplin, les Monty Python et les transes d'Afrika Bambaataa. Ces derniers impulsèrent une culture de rue, de danse, de beats, mais aussi de revendications et de graffitis : le hip-hop.

Lors de leur tournée américaine, les Clash invitèrent Grandmaster Flash, les Treacherous Three et le Sugarhill Gang à assurer leurs premières parties de concert, cherchant à reproduire ici ce qu'ils avaient réussi à Londres avec le reggae. Les graffeurs de la côte Est se plaisaient dans l'atmosphère punk. Et, comme le punk, le hip-hop allait devenir une subculture à part entière, avec ses propres codes vestimentaires, ses artistes, ses groupes. L'union du punk blanc et du hip-hop noir prouvait que les genres musicaux, comme les divisions raciales, sont des constructions factices.

En fait, les premières passerelles dataient de 1975, quand les murs de New York se recouvrirent de discrètes affiches faites à la main : « Attention ! Le PUNK arrive ! » De retour à Londres après leur virée US, les membres des Clash donnèrent naissance à *This Is Radio Clash*, une chanson avec une base de beat funky, des synthés, des guitares, et par-dessus le flow de Strummer pour aborder des sujets politiques sensibles aux USA. Ce titre, commercialisé fin 1981, est le premier disque hip-hop anglais. Les jeunesses et les artistes de Londres et de New York avaient bien des choses à se dire. Alors autant les chanter. Les danser.

Depuis, le hip-hop a connu divers centres névralgiques et créatifs : Los Angeles, Atlanta, La Nouvelle-Orléans, Paris. Mais son foyer spirituel demeure son lieu de naissance, New York, avec des têtes de pont à travers les années et les générations : Run-DMC, KRS-One, Puffy, Nas, Public Enemy, RZA, Ol' Dirty Bastard, Jay Z. C'est grâce à eux que le hip-hop a construit progressivement une bonne partie de l'architecture pop, et que son esthétique a envahi la mode, les séries, les expositions, le lifestyle. Ce New York 1973-1977, qui va du rock décapé des Dolls à Robert De Niro dans *Taxi Driver,* et dont la Factory de Warhol avait posé des jalons sans le savoir, ce New York-là élargit considérablement le domaine de la pop culture.

Et la décennie seventies dessinait déjà cette boule à facettes qu'elle est aujourd'hui.

LE FOOTBALL, SPORT DE LA POP CULTURE

L'Angleterre observe deux cultes, les Beatles et le football, et ce, depuis 1966. Cette année-là, le 5 août précisément, les Fab Four publient *Revolver,* leur meilleur album, selon les spécialistes. Or, quelques jours plus tôt, le 30 juillet, les Anglais avaient remporté la Coupe du monde de football, à domicile, face aux Allemands de l'Ouest. Une telle conjonction de faits, en pleine Beatlemania, renforça le lien déjà existant entre foot (populaire, urbain, et sport de la classe ouvrière) et pop music (urbaine elle aussi, prisée par la jeunesse car défiant les élites et la bourgeoisie). Depuis, et à jamais, le football est inhérent à la culture anglaise, comme la poésie à l'âme russe.

Les contempteurs du foot arguent souvent que ce sport est l'exemple type de la déréglementation ultralibérale : paris en ligne, commissions et rétrocommissions excessives, paradis fiscaux, matches truqués ou jeunes joueurs manipulés. Il est vrai que le footballeur de première division européenne compte son salaire mensuel en centaines de milliers d'euros, voire en millions, et se voit offrir une Ferrari dès la signature du contrat ; les joueurs, souvent égocentriques et capricieux, se perçoivent comme des stars – ils passent à la télé tous les dimanches (jour de match) – et soignent davantage leur look que leur volée-retournée.

Pourtant, tout au long du xxe siècle, le football a fait partie intégrante de l'ADN de la pop culture. Pour bien le saisir, il faut adopter une façon british de voir la pop : on sait qu'outre-Manche les groupes de musique, à quelques rares exceptions près, supportent un club local. Prenons l'exemple de Manchester, hyperactif artistiquement, et notamment musicalement – il accueillit la boîte de nuit l'Hacienda[1] et fit office de capitale de l'indie pop dans les années quatre-vingt et quatre-vingt-dix. Côté foot, comme la plupart des grandes villes du monde (sauf Marseille et Paris), la cité mancunienne compte deux clubs de premier plan : Manchester City et Manchester United. L'inénarrable George Best[2], mais aussi le flegmatique Charlton, le rebelle Cantona (et ses fameux cols relevés), Cristiano Ronaldo et David Beckham, tous footballeurs glamrock, firent une partie de leur carrière à l'United. En 2012, celui-ci devint le premier club de sport côté en Bourse. Auparavant, en 1998, Mick Hucknall, le leader roux et frisé des Simply Red, avait essayé de le racheter. United est supporté par les rockers un peu rimbaldiens de la ville : Morrissey, The Verve, les Stone Roses.

1. Lire les chapitres « La postpunk devient indie, et le hip-hop forme la seconde révolution pop », p. 135, et « L'ordinateur remplace la guitare, et la génération X apprend à vivre par-delà l'espoir », p. 199.
2. Lire la vignette qui lui est entièrement consacrée, p. 83.

City, club de l'est de la ville, resta longtemps dans l'ombre du premier, faisant figure de bad boy par rapport à son homologue. C'est aussi *le* club pop. Oasis, Johnny Marr, les Happy Mondays, les Inspiral Carpets, entre autres, le considèrent comme le « seul et unique club de la ville de Manchester ». *Don't look back in Anger*, l'un des immenses succès d'Oasis en 1996, en est d'ailleurs l'hymne officieux, avant de devenir un hymne national alternatif dans tout le pays.

À Londres, à Manchester, à Liverpool, mais aussi à Dublin, Glasgow, Édimbourg, Newcastle, Wigan, Portsmouth, et dans toutes les villes et les pays où le foot est une institution (Brésil et, de manière générale, dans toute l'Amérique du Sud), aller au stade pour supporter son équipe participe, pour le passionné, du même élan que celui qui le mène au bar, à la salle de concert, à l'école, en boîte de nuit ou bien en bas de chez lui, à l'amour ou à la défonce. La fameuse « culture foot » contribue ainsi au processus d'identification – à sa classe sociale, à son quartier, à ses références musicales et à ses valeurs personnelles. Le club que l'on supporte en dit autant sur un individu que le parti politique pour lequel il vote – s'il vote. Car, dans la plupart des pays du globe (la France est ici une exception), les grandes villes comptent au moins deux grands clubs, qui correspondent chacun à leur histoire et à une réalité sociale: l'un est de droite et l'autre de gauche, ou bien ils sont de quartiers différents et antagonistes, ou encore représentent une communauté religieuse face à une autre, etc. Le foot appartient à la vie quotidienne, citoyenne, sociale, culturelle, voire politique et militante. C'est pourquoi à Londres, Barcelone, Naples, Marseille, Manchester, Athènes ou Istanbul, porter un maillot est tout ce qu'il y a de plus banal.

Les marques d'équipement sportif l'ont bien compris, qui depuis quinze ans développent des maillots aux matières, aux couleurs, au design et à la coupe aussi sportswear que lifestyle. Le maillot en question remplacera aisément, certains jours, le polo cintré sous le blouson Harrington, et se mariera fort bien avec le pantalon Sta-Prest et une paire de Doc Martens ou de Stan-Smith. Détail amusant : dans les années soixante-dix et quatre-vingt, ce sont les vêtements « de ville » qui servirent pour certains hooligans, alors interdits de stade, à berner la police pour y entrer. Ils troquèrent la tenue maillot-jogging-baskets pour un look dit « casual » (« casual clothing »), moins marqué : chemise chic au col boutonné, polo Fred-Perry ou Ben-Sherman, blouson Harrington. Les policiers ne les reconnaissaient pas...

Mais revenons à la musique. Entonné les soirs de victoire, *We Are the Champions,* de Queen, est *le* tube du football. Freddie Mercury expliqua qu'il avait spécifiquement écrit ce morceau afin qu'il soit scandé dans les tribunes. Apparu le 7 octobre 1977, sur la face B du single *We Will Rock You*, il dut néanmoins attendre le début des années quatre-vingt-dix pour être repris par des supporters, notamment du côté d'Amsterdam, autant pour rendre hommage à son auteur, mort du sida en 1991, que pour célébrer une nouvelle victoire. *Autumn Almanac* des Kinks, où Ray Davies clamait dès 1967 « *I like my football on a Saturday* », demeure la première chanson rock sur le foot. Joe Strummer, dans sa carrière solo, composa lui aussi deux morceaux footballistiques, en 2000 et 2001 : *Tony Adams*, en hommage à l'ancien défenseur d'Arsenal, alcoolique repenti, et *Shaktar Donetsk*, du nom du club ukrainien vainqueur de la Coupe de l'UEFA en 2009, qui racontait l'histoire d'un émigré clandestin rêvant de visiter Wembley Stadium.

Au rayon revival, l'histoire de *I Will Survive* est assez scotchante. Le morceau disco de Gloria Gaynor, sorti en 1978, fut remixé dix-huit ans après par un combo néerlandais, Hermes House Band. Ce remix fut adopté par les rugbymen du Stade Français, qui décidèrent d'en faire leur chanson officielle en 1997. Puis, le 12 juin 1998, après le premier match (victorieux) des Bleus dans une Coupe du monde de football organisée en France, le remplaçant Vincent Candela entonna le gimmick « la, la, la, la, la... », repris à l'unisson par les autres joueurs. De victoire en victoire, celui-ci devint l'hymne et le grigri des Bleus, puis du pays tout entier un mois plus tard. Lors de la garden-party élyséenne postvictoire, la garde républicaine interpréta *I Will Survive*, qui, en quelques semaines, passa donc de la case revival au rayon mythe.

Joueur mythique, Diego Maradona fut chanté par la Mano Negra dans *Santa Maradona*, single issu de l'album *Casa Babylon* en 1994. Manu

Chao, l'ancien leader du groupe, le célébra encore dans *Si yo fuera Maradona (la vida tombola),* extrait de son troisième album, sorti en 2007, *La Radiolina*.

Mais la plus belle chanson de ce sport est... bien plus qu'une chanson. C'est une histoire qui fait le pont entre lutte civique, pop culture et football : *You'll Never Walk Alone*. La chanson vient de Broadway, elle fut écrite par Richard Rodgers et Oscar Hammerstein II en 1945, pour la comédie musicale *Carousel*, elle-même adaptation américanisée de *Liliom*, une pièce du Hongrois Ferenc Molnár. *You'll Never Walk Alone*, dernier chant du livret, y est interprété à l'intention d'une femme enceinte qui vient de perdre l'amour de sa vie. Devenu un standard du patrimoine musical américain, reprise par Elvis Presley, Franck Sinatra, Barbra Streisand, Nina Simone, Shirley Bassey (et par Dick Rivers en France), le morceau fut longuement chanté pendant les marches de la lutte pour les droits civiques. En 1965, il fut adopté et adapté par un groupe pop de Liverpool, Gerry and the Pacemakers.

C'est alors qu'il parvint au stade Anfield Road, l'antre du Liverpool Football Club. Son titre orne désormais l'écusson du club, qui en a fait sa devise et son hymne. Entonné par tout le stade durant les matchs, il donne à l'équipe une force aussi grande que l'histoire du club et de la ville. Il est impossible, pour qui entend ce morceau pour la première comme pour la millième fois, de ne pas être ému aux larmes. Surtout lorsqu'on en sait la trajectoire. C'est pour honorer cette trajectoire que, le 20 janvier 2009, Barack Obama choisit de faire interpréter *You'll Never Walk Alone* (par la cantatrice Renée Fleming) au cours de sa cérémonie d'investiture à la Maison-Blanche.

Le football est un sport, mais illustre aussi une histoire politique du monde. Le ballon rond et cette boule à facettes qu'est la pop culture ont la même langue maternelle (l'anglais), le même terrain de naissance (la rue, le quartier). Le foot a évolué comme la pop : parfois du côté du peuple, parfois de celui de l'ultralibéralisme. Si, depuis la révolution hip-hop, le basket-ball est lui aussi devenu un sport phare de la pop culture, le foot reste le précurseur.

1970-1980

Un look, des codes et des engagements

À la fin des années soixante-dix, la pop avait opéré l'hybridation avec la soul, le rock, le punk, le reggae et la salsa, et donné naissance au hip-hop. Dans notre affaire, la décennie seventies fut celle de la maturité : elle construisit des ponts entre des cultures et des sous-cultures, entre l'Europe, l'Amérique et l'Afrique. La pop est une culture du métissage, et c'est durant cette décennie qu'elle le devint réellement. On l'a vu, la révolution pop fut une histoire de jeunes, de bandes, de tribus, de codes. Les lieux originels de la pop sont la rue, le bar, la boîte de nuit, le sound-system.

Or, la pop, c'est aussi une armoire à styles, une affaire de marques, un répertoire vestimentaire hétéroclite né avec les mods, reprenant des attributs et des habits rockabilly, beatniks, jamaïcains, mais aussi ceux de la classe ouvrière d'après-guerre. Ce kaléidoscope allait des costards aux blousons de cuir, de coupes mods aux boules à zéro, des pantalons cigarette aux jeans Levis, des jaquettes courtes aux parkas kaki, avec la Doc Martens aux pieds. Pour un style casual, mélange de classe, d'urban wear et de cool attitude.

Du hipster yankee au skinhead britannique

Alors que les mods émergeaient en Angleterre au contact des Antillais, aux États-Unis, et quasiment au même moment, les beatniks revendiquaient leur cosmopolitisme et leur caractère avant-gardiste.

Par leur façon de repousser les frontières grâce aux voyages, à la route, à l'errance et aux drogues, les beatniks américains furent en effet les grands frères des mods anglais. Là où les premiers étaient littéraires autant que mélomanes (country, blues, rock'n'roll), les seconds portaient et revendiquaient une culture avant tout musicale, et un rock plus dur. Comme nous l'avons vu au troisième chapitre de cet ouvrage, les beatniks sont une cellule souche de la pop culture. Or, le beatnik est lui-même apparenté au hipster. Ce dernier est une figure réapparue dans les années deux mille dix, avec la gentrification des métropoles occidentales. Individu looké – barbe et coiffure hirsute savamment étudiées, tatouages reproduits par des stars de la téléréalité ou du foot-business, chemise à carreaux cintrée, gros casque qui balance de la musique électro et sac en cuir vintage – ce travailleur nomade rodé au tout-dématérialisé est un bourgeois-bohème, une vulgaire réplique de la figure originelle. Il se pense rebelle, alternatif, mais le hispter moderne, parisien, londonien ou new-yorkais, participe de la récupération par le grand capital de la culture pop.

Dans les fringues comme dans la musique et le style de vie, la pop culture est une boucle de répétitions, de détournements, et de récupérations. Un reboot permanent.

L'origine en est, selon nous, le hipster. Celui-ci est apparu dans les années quarante. Le terme désignait alors des amateurs de jazz et de be-bop, de jeunes Blancs qui utilisaient le style afro-américain. Dans son texte *About the Beat Generation,* publié en 1958 dans le magazine *Esquire,* Jack Kerouac les décrivait comme les caractéristiques d'une Amérique « émergente et itinérante, qui glande, fait de l'auto-stop, se déplaçant partout, et possédant une véritable force spirituelle ». On mesure donc clairement le lien, très étroit, entre hipsters et beatniks. Les premiers apparurent avant-guerre, lorsque le jazz était considéré comme un mauvais genre, joué dans les caves et les clubs underground. Les seconds, à l'époque du rockabilly puis du rock'n'roll. Hipsters et beatniks étaient tous des bohèmes vagabonds, amoraux, anarchisants, parfois décadents. Petits-fils de la crise de 1929, ils étaient adeptes d'une philosophie et d'un genre de vie qui les tenaient éloignés du capitalisme.

Comme le hipster américain, le mod anglais des années cinquante et soixante était un genre de dandy prolétarien : look sobre, costume de coupe classique, cheveux courts et laqués. Un look classique mais revisité, qu'il mixait avec des parkas kaki ou des vestes en peau de serpent, le tout surligné par son attitude tapageuse, sa consommation d'amphètes, les nombreux phares qu'il accrochait à son scooter chromé. Le beatnik yankee prenait la route en stop, le mod anglais embarquait une fille sur son scooter pour aller voir la mer. En 1966, le mouvement se scinda : d'un côté, ceux pour qui ne comptait que le look convergèrent vers les hippies, les branchés et les underground ; de l'autre, les « hard mods » arborèrent jeans à bretelles, cheveux courts et style encore plus nerveux. Ils s'éloignèrent des arabesques baroques de l'acid rock pour privilégier le ska, le rocksteady et le reggae. Naquit alors le mouvement skinhead, dont nous avons vu précédemment que ses origines n'étaient pas racistes, et que son look empruntait au prolétariat blanc traditionnel (rude, macho, qui défend son territoire) et à la sous-culture des rude boys antillais. À ce moment de l'histoire, le mouvement skinhead était traversé par des antagonismes larvés, mais demeurait un élan générationnel et social qui le maintenait sous sa forme contre-culturelle. Blancs et Noirs, Anglais et immigrés se côtoyaient sur les gradins des stades de foot où ils venaient supporter le même club.

Paru en 1962, adapté neuf ans plus tard par Stanley Kubrick, le roman d'Anthony Burgess *Orange mécanique* se déroule dans un futur proche. Mais c'est bien cette jeunesse-là, celle des fifties et des sixties, dont il parle. Un jeune délinquant de seize ans, Alex DeLarge, accompagné de sa bande, vole, viole, bastonne. En 1962, comme en 1971, le look des personnages principaux s'apparentait au look skinhead : jean retroussé, Doc Martens montantes, bretelles... Par la suite, ce film constitua une source d'inspiration pour de nombreux groupes skinheads, contribuant à forger l'image du jeune rebelle violent, incontrôlable, mais cyniquement lucide sur son époque.

La scission skinhead

En 1978-1979, un fossé se creusa entre jeunes musiciens issus des écoles d'arts (tels Joe Strummer et The Clash), d'une part, et, de l'autre, les jeunes des quartiers défavorisés pour qui l'explosion punk était récupérée par le mainstream. Beaucoup de punks de la première vague adoptèrent alors le style skin. Le phénomène skinhead connut une nouvelle jeunesse. Dès 1979, il s'exporta hors du Royaume-Uni pour toucher l'Amérique du Nord et l'Europe de l'Ouest. En France, le street punk des Camera Silens, des Komintern Sect ou de La Souris Déglinguée attira un public de skinheads. Ces derniers étaient nombreux à évoluer autour de la scène alternative des années quatre-vingt : les Garçons Bouchers et les Bérurier Noir s'affichaient en skinheads. À New York et aux États-Unis, les groupes précurseurs de la musique punk hardcore (Agnostic Front, Sick Of It All, Madball) furent pour la plupart issus de cette mouvance. Évoquons aussi les Noirs rastafariens des Bad Brains de Washington, qui jouaient du punk hardcore entrecoupé de reggae, et dont le public se composait pour partie de skinheads.

Mais, en Angleterre, dix ans après l'émergence du mouvement skin, la quasi-totalité de ses membres étaient blancs. Naquit alors une nouvelle vague punk très controversée : le « oi ! », contraction de « Hey, you ! » en cockney (l'argot londonien). Là encore, il s'agit plus de hooliganisme que de mouvement culturel. En effet, certains skinheads de la fin des années soixante étaient déjà sensibles au discours nationaliste. À la fin des années soixante-dix, le National Front (parti ultranationaliste) et le British Movement (national-socialiste), surfant sur cette vague de tension qui gagnait les skins, et dans une stratégie d'occupation du champ socioculturel, allaient séduire les jeunes punks et skinheads blancs.

Certains critiques qualifièrent alors le oi ! de xénophobe, bien que des groupes comme Angelic Upstarts ou The Burial s'affichèrent ouvertement à gauche et participèrent activement à diverses campagnes antiracistes : les Sham 69, Buzzcocks, Steel Pulse ou Generation X. Mais les provocations antérieures de quelques punks, comme Sid Vicious, qui portait souvent un tee-shirt à croix gammée, donnèrent à penser à certains que les vrais rebelles étaient les nazis. L'exemple de Ian Stuart, chanteur du groupe Skrewdriver, formation parfaitement apolitique, comme la majorité des groupes punk, fut typique de cette dérive : il fit splitter son groupe, puis le reforma sous une forme politisée ouvertement néonazie, avant de créer, en 1987, Blood and Honour, un réseau de promotion de musique néonazie, mouvement nationaliste, raciste et antisémite. Homophobes et ratonneurs, les skinheads nationalistes étaient parfois affiliés officieusement à des partis dont ils formaient les troupes de choc ou le service d'ordre

(British National Party au Royaume-Uni, Front national en France), ou membres de mouvements comme le White Power (raciste et néonazi). Ils furent très actifs en Scandinavie, dans certaines régions des États-Unis, ainsi qu'en Europe de l'Est, notamment en Pologne, en Serbie ou en Russie. En France, il faut souligner la tentative partiellement réussie par Serge Ayoub d'organiser politiquement les skinheads d'extrême droite : son groupuscule Jeunesses nationalistes révolutionnaires a entretenu des relations idéologiques réelles, mais complexes, avec le Front national de Jean-Marie Le Pen.

Les skinheads d'extrême gauche

Écœurés par l'évolution néonazie de cette contre-culture, fidèles aux musiques noires, jamaïcaines, et aux apports du mouvement punk, les skinheads non racistes se regroupèrent à partir de 1979-1980 dans Skinheads Against the Nazis (Skan, impulsé et contrôlé par le Socialist Worker's Party trotskiste), groupe basé dans l'East End de Londres – pourtant bastion des skins d'extrême droite. En parallèle, certaines bandes participèrent bientôt à la campagne « Rock against Racism » initiée par l'Antinazi League. Ce furent les premiers noyaux de ce qu'on n'appelait pas encore les redskins (skins antifascistes). Certains groupes (London Trojan Skins, Glasgow Spy Kids) tentèrent quant à eux de faire survivre le style traditionnel, un tantinet moins engagé et plus musical. Le premier réseau international de skins antiracistes fut créé en 1987 à New York : le Sharp (Skinheads Against Racial Prejudice). Sa figure emblématique, Roddy Moreno, était le leader du groupe gallois The Oppressed, importateur en 1988 du Sharp au Royaume-Uni. The Oppressed chantait *Work Together,* hymne à la classe ouvrière. Les Sham 69, eux, adaptèrent le chant révolutionnaire chilien *El pueblo unido jamas sera vencido* en *If the kids are united they will never be defeated*, devenu un hymne dans tous les concerts et festivals antiracistes, qui se multipliaient alors, par exemple contre l'apartheid en Afrique du Sud. En raison du lien éternellement étroit qui, dans la pop culture, unit la politique, la culture et la vie sociale, ce chant était régulièrement entonné dans les stades de football anglais. Les Sham 69 et les autres musiciens proches du Sharp réaffirmaient leur fierté d'appartenir à la classe ouvrière et de partager ses valeurs : fraternité, solidarité, exigence de la lutte... À la même époque, les Dead Kennedys, groupe punk californien, dénonçaient la dérive des punks et skinheads nazis dans le morceau *Nazi Punks, Fuck Off !*.

En Europe, et c'est une différence fondamentale avec les skins nationalistes, les skinheads antiracistes eurent à cœur de poursuivre la tradition révolutionnaire qui est une partie de l'histoire ouvrière. Aussi étaient-ils armés rhétoriquement, et idéologiquement formés. Certains étaient trotskistes, proches du Socialist Worker's Party, d'autres plutôt proches du travaillisme et du syndicalisme réformiste. En France, les redskins furent plutôt anarchistes, libertaires. Les premiers redskins y furent accompagnés par la scène rock alternative récemment éclose : Bérurier Noir, Nuclear Device, Ludwig von 88, Babylon Fighters, LKDS, Laid Thénardier. Ils gravitaient autour du réseau Scalp (Sections carrément anti-Le Pen). Les plus fameuses bandes de « chasseurs de skins » des années quatre-vingt furent les Red Warriors, les Ruddy Fox et les Ducky Boys, engagés dans une confrontation directe pour reprendre la rue à ces skinheads nationalistes qui voulaient effrayer Paris et occuper les esprits. Pour cela, ils disposaient de quelques places fortes comme l'université de Paris II-Assas. C'est dans le sud de la France, à Toulouse, Marseille et Bordeaux (où ça bastonna sévère), que la jonction avec un mouvement skin plus traditionnel s'opéra par la suite pour donner vie à des mouvances militantes, mais aussi au rock indé, au rap, au commerce équitable.

Les skinheads antiracistes baptisèrent les néonazis du terme « boneheads » (littéralement « crânes d'os », l'équivalent anglais de « crétin »). Ceux-ci appelèrent leurs opposants « red » (« rouge » ou « gaucho » en français). Côté look, quelques détails ajoutés au style skinhead permettent de différencier un red d'un bonehead : bomber retourné côté doublure orange, insignes et patchs communistes divers. Autre exemple : sur les Doc Martens portées aux pieds, les premiers arboraient des lacets rouges, et les seconds des blancs.

À l'Est, du nouveau : la pop devient Plastic et dissidente

Faisons un pas de côté, pour visiter d'autres contrées où la pop allait s'engager. En Tchécoslovaquie, comme ailleurs en URSS, le régime communiste autoritaire ne put résister aux vagues pop, rock et hippies venues du monde occidental. Malgré un contrôle hyper strict des influences étrangères, et une presse tchécoslovaque qui, durant toutes les sixties, parla du rock comme d'une « nouvelle musique capitaliste et perverse », les gouvernements du Pacte de Varsovie ne parvinrent pas à refouler ces vagues musicales nées de l'autre côté du rideau de fer. Car les ondes des radios de l'Ouest diffusaient au-delà du mur. Mais il était une chose avec laquelle le président (de fer) Novotný ne rigolait pas : les coupes de cheveux de ses citoyens les plus jeunes, qui les portaient souvent longs, et ce dès la fin des années cinquante, avant la naissance du mouvement hippie. En 1957, la Sécurité d'État (les services de renseignement) désigna arbitrairement « vingt-huit perturbateurs », arrêtés et condamnés à des peines de dix à dix-sept mois de prison pour « profonde incivilité » et « déclarations irrespectueuses contre la société ». L'objet du délit n'était autre que… leurs cheveux. Pendant les années qui suivirent, en Tchécoslovaquie, être « chevelu » (ainsi les désignait-on) était une atteinte à l'autorité de l'État. Élaborée par la Sécurité d'État pendant l'été 1966, une campagne nationale contre les « chevelus » fut lancée par le comité central du parti communiste tchécoslovaque. Plus de quatre mille personnes furent arrêtées, et des centaines d'entre elles rasées de force. Le pouvoir mit ensuite en place un ensemble de dispositifs visant à leur interdire l'accès aux institutions scolaires et médicales, les transports, les hôtels, les restaurants et les lieux publics. Cette nervosité du régime devant sa jeunesse renforça plus encore le mouvement, et les années soixante y furent marquées par une intense productivité littéraire, artistique, musicale. Cette dernière revendiquait des influences à l'Ouest, bien qu'elle dût composer avec les moyens du bord.

Les groupes se multipliaient et remplissaient les salles de concert. Les plus marquants se produisirent notamment au Československý Beat Festival organisé à Prague à l'automne 1968, soit un mois après que les chars soviétiques avaient marché sur le printemps de Prague : Michal Prokop et son groupe Framus Five, Karel Kahovec et Flamengo, le slovaque Peter Lipa et le groupe Blues Five, ou encore The Primitives Group, précurseur des Plastic People of the Universe. Ces derniers, formés en 1968, ont splitté très récemment (début 2016), mais ils demeurent *le* groupe emblématique de l'underground tchécoslovaque.

Après l'écrasement du printemps de Prague, un régime dit « de normalisation » fut instauré dans le pays, aligné sur Moscou. Conséquence : interdiction des groupes de rock, toujours bannis. Le rock alternatif psychédélique des Plastic People of the Universe se retrouva, à cause de leur notoriété, dans le viseur des autorités. Leurs disques, enregistrés clandestinement, arrivaient en Occident, notamment grâce au poète et traducteur canadien Paul Wilson, qui avait été l'un des premiers chanteurs du groupe, car il vivait alors à Prague. Autour des Plastic People of the Universe gravitaient nombre d'artistes et d'intellectuels. Leur directeur artistique, Ivan Jirous, également poète, devint par la suite l'idéologue de l'underground tchèque. Avec Vratislav Brabenec, autre membre du groupe, il fut arrêté en 1976 et accusé de « troubler la paix en bande organisée ». Leur procès donna lieu à une campagne pour défendre leur droit à jouer et à s'exprimer, à l'initiative du dissident et dramaturge Václav Havel. S'ensuivit la formation du mouvement de la Charte 77, signée par de nombreux intellectuels dissidents réclamant l'application des libertés fondamentales en Tchécoslovaquie. Jusqu'à la révolution de velours, en 1989, de nombreux signataires de la Charte furent surveillés et certains persécutés, et Brabenec fut contraint à l'émigration, en 1982, après bien des interrogatoires musclés. À la fin des années quatre-vingt, le groupe n'avait pas survécu à la coercition du régime, et il fallut l'amicale pression d'un Václav Havel, leur mentor devenu président, pour qu'en 1997 il se reforme à l'occasion des vingt ans de la Charte. Malgré des décès (Hlavsa en 2001, Jirous en 2011), le PPU se produisit dans des festivals ou des concerts militants, comme en août 2012 à Prague, lors d'une manifestation de soutien aux trois musiciennes russes des Pussy Riot incarcérées dans les prisons de Vladimir Poutine.

Cette histoire est la preuve que des cheveux longs ont été... un attribut punk ! Elle démontre aussi que l'engagement est résolument dans l'ADN de la pop culture. On le vérifiera aussi à Berlin, où, de l'après-guerre aux années deux mille, plusieurs contre-cultures musicales et littéraires feront de la ville l'un des épicentres de la pop, du proto-punk à la techno.

Fred Perry iconique

En Angleterre, la radicalisation de la violence skinhead accompagna le développement du hooliganisme : dans les années soixante et soixante-dix, chaque saison sportive comptait plus d'une vingtaine d'incidents violents. Les hooligans furent longtemps adeptes d'un apolitisme droitier (anti-étrangers, anti-tout) qui les rendit sensibles au look skinhead. Mais, bientôt blacklistés à l'entrée des stades, ils durent se fondre dans les masses. « Casual », abrégé de « casual clothing », désigne dans le langage courant un style de vêtements « normaux », « habituels ». Quand le gouvernement Thatcher multiplia les contrôles et interdictions de stades, dans les années quatre-vingt, les hooligans adoptèrent donc la chemise chic au col boutonné, les polos Fred-Perry ou Ben-Sherman, sous le blouson Harrington. Ils y ajoutèrent une touche sportswear : baskets, vestes jogging trendy. Devenu un accessoire de mode mainestream, le polo Fred-Perry, avec sa couronne de laurier, fut un attribut underground, mod puis punk. Comme celui de Lacoste, il se fit d'abord un nom sur les courts de tennis.

Frederick John Perry, fils d'un ouvrier de l'industrie cotonnière (le détail a son importance), champion du monde de tennis de table en 1929 (il avait vingt ans), fut l'un des plus grands joueurs de l'histoire du tennis (huit tournois du Grand Chelem et une Coupe Davis). Malgré une fracture du coude qui stoppa sa carrière en 1940, il fut, avec le footballeur autrichien Tibby Wegner, l'ambassadeur d'un bracelet-poignet antitranspiration, puis, en 1952, celui d'une chemise de tennis en coton piqué à manches courtes et col boutonné. Rapidement portée par quelques joueurs sur les courts, celle-ci se fit d'autant plus remarquer que les tournois étaient depuis peu retransmis à la télévision. Comment passa-t-il des courts d'un sport élitiste à la rue (londonienne) ? Par les mods, au début des sixties, qui empruntèrent leur look aux classes sociales supérieures, justement. Le polo convenait à leur obsession pour l'élégance et le streetwear, et devint l'un de leurs emblèmes. Il fut bientôt porté par les Beatles, Eric Clapton, les Who. Et même, outre-Atlantique, par le président John Kennedy. Fred-Perry fut ainsi l'une des premières marques récupérées par des tribus urbaines. Depuis, elle est restée intimement liée à l'univers musical britannique : les Kinks, les Who, puis Shane MacGowan des Pogues, la mouvance ska avec The Specials, jusqu'au courant musical britpop des années quatre-vingt-dix avec Blur et Oasis, l'ont portée, leurs fans aussi.

Précurseur, donc, du streetwear, le polo à couronne a été un accessoire skinhead dès l'apparition du mouvement. Ce qui, plus tard, sera l'une des ambiguïtés du Fred-Perry, porté par des skinheads néonazis comme par les antifascistes. De sorte qu'aujourd'hui encore toute personne peu au fait des subtilités dépeintes dans ce chapitre pense souvent avoir affaire à un facho lorsqu'il croise un homme en Fred-Perry. Il faut savoir que les bandes de couleur des polos dénotent une appartenance politique : en France, les polos blancs rayés bleu et rouge sont préférés par les skinheads d'extrême droite ; ceux plus sombres par les antifascistes.

Les chaussures, madeleines de Proust du look pop

Deux modèles de chaussures demeurent iconiques : la Doc Martens, d'une part, et, de l'autre, ces horribles chausses à crêpes nommées creepers. La Doc Martens doit son nom à un ancien médecin de l'armée du Reich, le docteur Klaus Märtens. Blessé après une chute de ski, en 1946, il mit lui-même au point une chaussure orthopédique, dont la semelle transparente est montée sur un coussin d'air. Curieuses origines, donc, pour une icône anglaise, dont la licence de production fut rachetée à son inventeur par le fabricant anglais Bill Griggs, qui décida d'angliciser le nom mais de garder la fonction, « Doc ». La première paire de Doc Martens sortit de l'usine le 1er avril 1960 : une bottine montante de couleur cerise, à huit œillets, avec sa fameuse semelle rainurée, sa languette noire au talon et ses coutures jaunes, avec un montage Goodyear. Portée par des postiers, des dockers, des ouvriers et des agents de sécurité, elle fut, comme le jean, l'un de ces identifiants de la classe ouvrière que détournèrent les punks puis les skinheads de la seconde vague. Ainsi devint-elle bien plus qu'une boot dans les années soixante-dix, où, comme nous l'avons vu dans le chapitre précédent, différentes subcultures et contre-cultures se rencontrèrent, pour augmenter les cellules souches de la pop culture.

La Doc Martens s'imposa comme un signe de rébellion, d'affirmation de soi, d'appartenance à un courant : les Who, puis Joe Strummer et les Pistols en portaient, suivis bientôt par tous les individus et toutes les tribus ayant déjà adopté le Fred-Perry, le blouson Harrington, le jean ou le pantalon Sta-Prest. Ce, dans la rue, au stade, au pub, au concert, au travail, en manifestation. Pour draguer, pour taper, pour courir ou pour marcher. Chaussée par des générations de rude boys, de birds, de rockeurs, de skins et de punks, déclinée en de nombreux coloris, elle demeure la première chaussure pop unisexe. Aujourd'hui encore, en mode urban wear ou avec un costard à pantalon cigarette, la Doc a ses adeptes, dont votre serviteur.

Il en va de même pour ses concurrentes historiques, les creepers. Cette chaussure, qu'on jurerait être une erreur industrielle ou un pari perdu par son créateur bourré, est l'œuvre d'un certain George Cox, qui commercialisa sa trouvaille sous la marque Hamilton. En cuir, en synthétique et parfois en daim, la chaussure aux épaisses semelles fut vite adoptée dans les années cinquante par les tribus rockabilly et les teddy boys, en Angleterre comme aux États-Unis. Quand, vingt ans plus tard, le producteur des Sex Pistols, Malcolm McLaren, les mit à l'inventaire de son magasin londonien Let It Rock, elles se répandirent dans les bandes ska, psychobilly et punks. Si étrange que cela paraisse avec le recul, il arrivait alors qu'un individu possède des Doc Martens et des creepers.

L'histoire des polos Fred-Perry, puis plus tard Lacoste, raconte comment les cours de tennis ont façonné le style vestimentaire de la pop culture. Tout comme eux, la Stan-Smith d'Adidas, la basket cool par excellence, est née sur terre battue. En 1964, elle portait un autre nom : celui de Robert Haillet, numéro un du tennis français, alors au crépuscule de sa carrière, à qui la marque aux trois bandes commanda un nouveau modèle. Il inventa une chaussure à la ligne épurée, en cuir immaculé, avec une protection verte sur le haut du talon et de petits trous sur les côtés pour aérer. En 1971, Adidas signa un contrat avec le meilleur joueur du moment : Stan Smith, une catapulte américaine de 1,93 mètre, un service-volée réglé comme un pas de deux, un monstre de fair-play, dix-huit mois numéro un mondial. En 1978, la Robert-Haillet devint officiellement la Stan-Smith, pour une story typique de la pop culture. La chaussure rebaptisée allait illico descendre dans la rue et être adoptée par le rap américain et ses breakers. Run-DMC composa même un morceau intitulé *My Adidas*, en 1986. Bientôt, après avoir signé un contrat de 1 million de dollars, le groupe chanta une autre basket Adidas : la Superstar. Si l'événement marque le début du rap bling-bling, il illustre aussi la façon dont les codes de la pop culture furent, à cette époque, récupérés eux aussi par le marché et la publicité.

Ringardisée outre-Atlantique, qui lui préféra vite la Air Max à virgule de Nike, la Stan-Smith redevint tendance en France. En 1994, dans son premier tube *Je danse le Mia*, le groupe marseillais I Am rappait « Stan Smith aux pieds » (sic). Elle chausse depuis les rappeurs, les rockers, les ados, les hipsters, les trentenaires branchés. En 2011, on la portait dans les studios de Louis Vuitton, et le rappeur La Fouine en faisait une chanson. En annonçant l'arrêt de sa production en 2011, après 40 millions d'exemplaires écoulés, Adidas donna un coup de vieux à ceux qui avaient été élevés au son du ghetto-blaster. Sous la pression des fans, la marque recommercialisa le modèle mythique en janvier 2014. En prenant soin de le décliner en plusieurs coloris et formats (basses ou montantes). En ville, c'est la basket la plus portée ; preuve intangible de l'influence pop, qui a transformé une basket en habit casual, urbain, quotidien. De nos jours, certains la portent même avec un costume.

La toute première basket phénomène culturel fut la Chuck-Taylor All Star, de la marque Converse. C'est le modèle culte de la marque, si bien qu'on l'appelle communément Converse. Créée en 1917 par la compagnie américaine Converse Rubber Shoe Company, la chaussure en toile, avec une semelle en caoutchouc, est conçue pour ne pas glisser. À l'origine appelée All Star, elle fut rebaptisée d'après Chuck Taylor, un joueur de basket-ball qui adopta la chaussure et en devint l'égérie. Soutenue par le gouvernement américain pendant la Seconde Guerre mondiale, la marque continua à grossir jusqu'à être partenaire de la jeune ligue officielle de basket, la NBA. C'est dans les années soixante que la Converse fut prisée par les jeunes, et devint un symbole des modes rock, punk (portées par les Ramones) et grunge dans les années quatre-vingt-dix.

Les Converse furent l'accessoire du personnage un peu rebelle, un peu rockeur, qui se fiche pas mal de la mode, puis du geek. Au cinéma, c'est le jeune Marty McFly (interprété par Michael J. Fox) qui les porte le premier, dans *Retour vers le futur* (Robert Zemeckis, 1985). Ensuite, nombre de personnages de films et de séries finirent de l'adouber. La propriétaire la plus décalée et controversée demeure la Marie-Antoinette, personnage éponyme du film de Sophia Coppola, en 2006.

Dans l'univers de la pop, tout vient décidément de la rue. Celle-ci a façonné, codifié, mélangé, détourné et sans cesse réinventé le vestiaire de la pop culture. C'est en inventant un look que la pop devint une mode. Quand arrivèrent les années quatre-vingt, elle était donc prête à entreprendre un virage tout aussi métissé que... mainstream et marketé.

1980-1990 (1)

La postpunk devient indie et le hip-hop forme la seconde révolution pop

Et si l'âge d'or de la pop n'était pas les Swinging Sixties, mais les années quatre-vingt ? Années fric en Occident, la décennie fut schizophrénique : capitalisme effréné, labels indés et maisons de disques, culture et entertainment... Après les seventies, où le reggae et le punk s'étaient invités au grand bal pop, ladite pop continuait à s'ouvrir au monde à coups de textes, de sons, de rythmes, de danses, d'attitudes aussi. Le triomphe mondial du hip-hop allait à nouveau mettre la musique noire sur le devant de la scène, tandis qu'en Angleterre le rock redevenait un étendard.

Do It Yourself : l'après-punk, c'est la pop

Mai 1979. Lors d'élections générales anticipées, les sujets britanniques accordent 44 % de leurs suffrages à Margaret Thatcher, et ramènent le parti conservateur au pouvoir. La dame de fer allait passer la décennie entière à la tête du gouvernement, imposer au pays un ultralibéralisme choc, des privatisations à la pelle, un changement de perspectives dans un appareil industriel qui, en Europe, avait été le phare de la révolution industrielle, justement. Au besoin, la dame de fer n'hésita pas à envoyer l'armée briser une grève conduite depuis un an par des mineurs, en 1984-1985.

1979 fut aussi l'année de la sortie du premier album de Joy Division, *Unknown Pleasures*. Les quatre musiciens originaires de la région de Manchester avaient formé leur groupe trois ans plus tôt, autour de la voix caverneuse de Ian Curtis. La même année, ils accédaient à la célébrité. Et, avec eux, cette « cold wave » (littéralement vague de froid) à l'esprit no future du punk, musique minimaliste, son industriel et textes désespérés. La carrière de Curtis sera fulgurante, et sa vie brève, puisqu'il se suicidera le 18 mai 1980, à la veille de la première tournée américaine du groupe. Un an auparavant, il avait voté Thatcher, comme en témoigna après coup son épouse, Deborah Curtis. Plus tard aussi, nombre d'acteurs de la scène musicale britannique admirent – en souriant jaune – que, si Maggie n'avait pas existé, il n'y aurait pas eu autant de bons groupes en Angleterre, car elle avait ligué contre elle toute une génération.

Après la secousse punk, un sang neuf irrigua la musique outre-Manche. Des dizaines et des dizaines de groupes éclosent alors à Londres, Manchester, Belfast, Glasgow. Ils parvinrent à réunir l'argent et les moyens techniques pour enregistrer dans des studios de fortune, distribuer quelques dizaines de vinyles et jouer sur scène pour se faire remarquer. Nombre d'entre eux sortaient un titre, sur leur propre label, et disparaissaient à jamais. Une esthétique do it yourself qui était aussi celle du punk, et qui initiait l'esprit rock indé. Indé(pendant), comme les nouveaux labels qui se multiplièrent à Londres (Rough Trade, Creation, 4AD), à Manchester (le label Factory Records, qui sortit *Unknown Pleasures,* de Joy Division), à Liverpool (Zoo Records), à Belfast, à Glasgow, à Édimbourg…

Le précurseur, en 1976 à Manchester, fut New Hormones, qui produisit le premier disque des Buzzcocks, un groupe mancunien, trait d'union entre le punk et la pop. Un formatage carré, une production et des arrangements bruts de décoffrage, une promotion lancée à peine le disque pressé : ainsi fonctionnaient ces labels. Pendant six ou sept ans, cela n'altéra pas la diversité musicale mais, quand approcha la fin de la décennie, les sons indés trop marketés commençaient à s'homogénéiser, dans ces bacs et rayonnages qui portaient l'étiquette pop rock indé, puis pop rock tout court, quand les labels furent rachetés par des majors.

Son pop ou son rock ?

Arrêtons-nous, le temps de quelques lignes, sur cette étiquette pop rock. Quelles sont au juste les différences entre rock et pop ? Les mauvais coucheurs pensent que la musique pop est mièvre, romantique sans être énergique : en résumé, ça a du look, ça sent bon, c'est du rock en plus formaté, mais ce n'est pas original et ça ne porte pas de révolte. Il s'agit pourtant bien d'un rock, avec une légère différence d'accord. Elle est infime mais elle change tout. Le rock des Stones ou d'Elvis Presley est issu du blues, qui est basé sur un accord mineur. Tandis que la pop des Beatles et de leurs héritiers, elle, provient des chansons et des mélodies de pubs anglais, que viennent dynamiser une énergie et une jeunesse d'esprit : la base est l'accord majeur. La profondeur est la même, mais la tonalité diffère. Les mélomanes le savent : en jouant une note, on en joue en fait plusieurs. Lorsqu'on souffle dans une trompette, lorsqu'on gratte une corde de guitare ou qu'on appuie sur la touche d'un piano, le son émis comporte plusieurs autres sons, inaudibles mais réels : les tierces et les octaves de la note initiale, plus aiguës donc. Ils vibrent dans l'air ou se propagent grâce à la caisse de résonance (dans le cas de la guitare ou du piano) : ce sont les harmoniques. Ils font la richesse d'un son. Sa tonalité. Les connaisseurs (voir, par exemple, le superbe blog Music Lodge) identifient un instrument à la moindre note, en prêtant attention aux vibrations et aux harmoniques. Ils savent que de ces derniers dépend la qualité d'une voix (on parlera de timbre) ou d'un instrument (on parlera de tonalités). Si les synthétiseurs bas de gamme des années quatre-vingt, que parcourt ce chapitre, avaient un son dénué de charme et de toute densité, c'est parce que l'on *synthétisait* une note, mais pas toutes ses harmoniques.

Tonalité mineure pour le rock, majeure pour le pop rock, donc. On peut valider le fait que le majeur sonne plutôt joyeux, et le mineur plutôt triste. C'est un canevas générique, mais qui a ses exceptions et ses nuances : on peut faire du mineur joyeux et du majeur triste. Par exemple, les musiques tziganes ou orientales, si elles sont généralement en accord mineur, peuvent tout à fait être dansantes et festives, tout dépend du rythme et du contexte dans lequel elles sont jouées. L'une des différences entre le punk rock de The Clash et celui des Sex Pistols réside dans le fait que la musique des seconds vient clairement du rock, du blues, voire du rockabilly (accords mineurs), quand celle des premiers, plus rageuse, est pétrie d'accords majeurs.

Rock et pop rock ont chacun du timbre, du coffre et de la texture, mais la tonalité diffère. Qu'il soit romantique ou cinglant comme un éclair, le rock est brut, direct, rapide et rythmé. Le pop rock, manufacturé par et pour les studios d'enregistrement, est plus formaté. Le clivage pop music/rock music est là. Les Beatles jouent de la pop, les Stones du rock, et l'antagonisme entre les deux reposera toujours – plus encore que sur leur aura et leur rivalité dans le cœur des fans – sur cette distinction d'accords, de ligne de chant.

L'indie pop, juste avant la Britpop

À la suite des Buzzcocks et de Joy Division, de multiples groupes et labels produisirent une discographie aux morceaux courts, nerveux, incisifs, qui conciliaient l'esprit et la créativité de la pop britannique (celle des Beatles, des Kinks ou des Who…) avec l'urgence, l'énergie, le do it yourself et le minimalisme du punk rock. En 1982, le magazine *New Musical Express*, une bible du rock en Angleterre, écrivit ceci au sujet des Buzzcocks : « Ils ont donné le signal du départ. Ils resteront comme le premier groupe pop moderne – les premiers à avoir balancé dans le gros son du punk une bonne dose de romantisme pour le faire découvrir au plus grand nombre. » À la fin de l'année 1980, les labels indés étaient à l'origine d'environ 10 % des ventes de disques au Royaume-Uni. Pourtant, en pleine alternance politique durant ces premières années de purge thatchérienne (qui faisaient suite à deux mandatures travaillistes bien peu à l'écoute de la jeunesse), il était ardu pour les musiciens de trouver un véritable label, et beaucoup n'avaient, comme nous l'avons vu, d'autres solutions que l'autoproduction artisanale. Ceux qui parvenaient à s'en sortir avaient leur chance sur un label indépendant. Lequel était parfois éphémère…

Cet essor des labels indés fut déterminant musicalement comme politiquement. Notamment en féminisant la production musicale britannique – à la manière de ce que la soul music avait initié aux États-Unis quinze ans auparavant. Des dizaines de groupes (essentiellement ou en bonne partie) féminins se mirent, eux aussi, à enregistrer des 45-tours par-ci, des quatre-titres par-là, et surfèrent sur la vague postpunk. Rééditées sur une compilation du label londonien Cherry Red, *Sharon*

Signs To Cherry Red – Independent Women 1979-1985, sortie en mai 2016, les productions des formations en question revêtaient exactement les mêmes dimensions que celles de leurs collègues masculins : des pop songs tordues et mélodiques parfois, rageuses et magnétiques en d'autres endroits. Presque toutes militaient pour une pop au réalisme sentimental acerbe, une musique sans fioritures, du postpunk qui frappe juste. Ne séduisant alors que John Peel (1939-2004), mythique animateur de la BBC Radio 1 qui fut le plus grand découvreur britannique de rock, de hip-hop, de dance music et de pop (de David Bowie aux Smiths), et le *New Musical Express* cité plus haut, ces formations ont véritablement préfiguré le son et la rage des Riot Grrrls, mouvement qui naîtra dix ans plus tard. Les groupes repris sur la compilation (55 titres tout de même) se nommaient Dolly Mixture (des filles proches de The Damned, formation masculine mythique du genre), Marine Girls (le premier groupe de Tracey Thorn, future membre de Everything But the Girl, groupe essentiellement masculin), The Avocados, Family Fodder, Trixie's Big Red Motorbike, les Mockingbirds, les Gymslips, Stef Petticoat, Rexy, The Delmonas, Twa Toots, The Mo-dettes ou The Shillelagh Sisters. Leur musique était sous influence punk, bien sûr, mais aussi du Velvet Underground, du funk, de soul ou du reggae, elles étaient militantes et romantiques – soit le décorum de toute la décennie précédente.

Du côté des garçons, il en allait exactement de même : les groupes qui formèrent cette nouvelle vague indé, qu'ils en soient à leur tout premier album ou au suivant, étaient autant marqués par le reggae (Johnny « Rotten » Lydon, qui crée Public Image Limited – PIL – dès la fin des Pistols), par le psyché (Echo & The Bunnymen), le ska et le dub (The Specials et leur deuxième album en 1980,

More Specials), que par le funk et la soul (Madness bien sûr, mais aussi The Housemartins, avec des touches funky dans leurs lignes de guitares claires et tranchantes, pour des textes résolument anti-thatchériens).

Voici donc qu'arrivait un mouvement, encore informe, qui, grâce au travail de The Clash et de quelques précurseurs, et sous l'influence de références très métissées, allait revivifier la pop européenne. Ce mouvement sera appelé pop indé dans le milieu des années quatre-vingt. Certes, ils étaient terriblement british dans leur son, les New Model Army, Lloyd Cole & The Commotions, The Jesus and Mary Chain, The Jam puis Style Council (deux groupes de Paul Weller), mais leur tonalité et leurs rythmes faisaient d'eux les frères anglais des chanteurs de soul afro-américains. Exemple parfait : No Swastikas, groupe de punk formé dans le Yorshire en 1981, rebaptisé The Redskins l'année suivante, qui évolua vers un rock alternatif mâtiné de soul avec une section cuivres. Produit par un label de Leeds nommé CNT (référence à l'organisation anarcho-syndicaliste du même nom, née durant la guerre d'Espagne et existant encore aujourd'hui), le groupe fut découvert par John Peel, qui les invita à son émission puis les produisit sur son propre label, Strange Fruit Records. Nous avons vu précédemment ce que signifiait redskin. Le groupe était à la hauteur de cet engagement, invitant notamment un mineur en grève à jouer avec eux lors d'un concert en 1984.

La révolution pop des sixties avait été une période d'innocence à la recherche d'une enfance perdue. Passée par le militantisme hippie, par la rage punk et par l'envergure de la soul, la musique pop des années quatre-vingt s'en trouvait traversée d'élans antagonistes, et d'influences diverses, auxquelles il faut ajouter le disco, la new wave ou le glamrock. Dans la mouvance rock indé née entre 1980 et 1985, il y eut deux lignes majoritaires distinctes. D'un côté, le rock pop estampillé do it yourself, dans la lignée des Buzzcocks : Televison Personalities, Echo & The Bunnymen, The Scars, The Undertones. De l'autre, des groupes plus intellos, plus propres sur eux (des rockers habillés comme des bibliothécaires, diront les détracteurs), à la musique moins carillonnante et plus intimiste, parfois savamment saturée, souvent plus « produite », héritiers du Velvet Underground et de Joy Division : The Jesus and Marie Chain, The Wedding Present, The Vaselines, The Stone Roses, Cocteau Twins, The House of Love, sans oublier les plus connus – et les plus décriés – The Smiths, autre formation mancunienne.

Plus proprette peut-être, cette deuxième voie de la pop indé a ensuite été beaucoup raillée, justement pour son manque de graisse et de rock. C'est oublier que la grande majorité des groupes concernés, malgré leur image intello, étaient issue de la working class, chantaient celle-ci, alors que nombre de groupes et de bandes punk étaient, eux, issus d'écoles d'art ou d'écoles tout court. Ces groupes parfois moqués se servaient donc de la musique pour sublimer leurs origines ou leur ville, leur classe sociale ou leur génération. En plus, comme on l'a vu, d'une mixité musicale inédite, qui se retrouvait souvent au sein même d'un groupe : Morrissey était un parolier génial et irrévérencieux, doublé d'une diva se prenant pour Oscar Wilde, tandis que Johnny Marr était un guitariste passionné de musique africaine, une espèce de mercenaire au sens musical inné.

Qu'ils soient énergiques (Buzzcocks, Undertones) ou plus cérébraux (Smiths, Cocteau Twins), ces groupes proposèrent une musique à écouter, et non à analyser. Quelque chose qui mélangeait la passion et la pensée. Ni underground ni mainstream, elle faisait écho à la pop des années soixante, jusque dans le look des musiciens, et celui de leur public : vestes courtes et aux tissus usés, cardigans, coupes de cheveux, casquettes ou foulards.

Mais le contexte politique, social et économique était bien différent. Les Beatles et les Stones furent les produits d'une période de croissance, les enfants de la société de consommation. Les Smiths et les autres étaient, eux, nés en des temps inquiets, ceux de la crise du pétrole, d'une Angleterre dirigée par une dame de fer adepte d'un conservatisme moral et d'un libéralisme économique aussi raides que l'injustice. Les premiers voulaient quitter le foyer familial pour découvrir la liberté. Les seconds, trouver un toit afin de protéger la leur. Ils tournèrent le dos à ce consumérisme à tous crins, acceptèrent la décroissance. Leur sophistication s'opposait à celle de leurs aînés, qui était une culture de la consommation. Sur ce point, le grand journaliste et critique rock américain Greil Marcus avait vu juste. Dans le numéro du 24 juillet 1980 du magazine *Rolling Stone* (quel pied de nez, d'ailleurs...), il écrivait : « *England reinvents rock & roll (and it's better than ever)* (L'Angleterre réinvente le rock, et ça n'a jamais été aussi bien). »

Meilleure que tout ce qu'on avait vu jusque-là, aussi, fut l'émergence d'une écriture originale au sein même de la critique rock, alimentée par des journalistes qui découvraient cette nouvelle scène, et qui n'essayèrent pas d'en rendre compte de façon académique. En France, des journaux comme *Libération, Rock & Folk, Best, Actuel, 7 à Paris,* ou *Les Inrockuptibles,* à partir de 1986, firent la part belle à ces jeunes plumes de la critique (Michka Assayas, Michel Embareck, Bayon, Serge Loupien, etc.). La rock critic (pour l'écrire à l'anglaise) était une sorte de gonzo-journalisme un peu arty qui, aujourd'hui encore, demeure un modèle de critique culturelle.

Politique musicale d'auteurs (« music first » était l'impératif), cette vague indé plaça parfois les producteurs au-dessus des musiciens, reproduisant là encore ce qu'avaient fait les labels américains dans le domaine de la soul music. Par ailleurs, dans les années quatre-vingt, l'industrie musicale se portait merveilleusement bien. Celle-ci bénéficia d'un boom technologique (inventions du walkman, du CD, du clip, multiplication des stations de radio et des chaînes de télévision). Bientôt, les évolutions respectives et concomitantes des industries musicale et télévisuelle infligeront le même traitement à la scène indie pop qu'au rock et à la pop américaine auparavant : elle fut intégrée au moloch du divertissement et de la publicité, se transformant en variété dénuée de valeur artistique.

Mais les groupes en question manifestèrent leur hostilité contre l'ennemi symbolique de l'éthique indie : MTV (pour Music Television). La chaîne américaine, née en 1981, allait en effet bouleverser le tempo de la pop culture, en quelques années seulement. Bientôt, une œuvre musicale ne sera plus appréhendée pour ses seules qualités musicales : son illustration par le biais d'un clip allait devenir tout aussi importante, et la vidéo un outil marketing ultrapuissant. Qui dit clip dit identité visuelle, miniscénario, décors et personnages marquants. Un décorum nouveau, dont profita un genre né dans la décennie précédente et qui explosa véritablement dans ces années quatre-vingt. Nous parlons ici du hip-hop.

Le hip-hop : la seconde révolution

Le hip-hop est bel et bien la seconde révolution de la pop culture. Les prémices de celle-ci, on l'a vu, eurent lieu lors de la tournée des Clash à New York. Au début des années soixante-dix, le hip-hop y avait vu le jour, au moment même où la métropole américaine était devenue la cible d'une politique radicale de rénovation urbaine, et que les populations les plus pauvres avaient été repoussées vers le quartier de Brooklyn, et plus encore vers Harlem et le Bronx. À Brooklyn, The Last Poets, un groupe de percussions et de voix, avaient depuis 1968 posé les bases d'une nouvelle culture urbaine qui s'appellera le rap. À Harlem, les gangs latinos, portoricains et afro-américains guerroyaient les uns contre les autres.

Parmi eux, un homme aux mille visages, né en 1957 (certains disent en 1960) à Manhattan, dans une famille d'activistes noirs et de militants des Black Muslims. Afrika Bambaataa (on ne connaît pas son vrai nom) fut d'abord membre du gang P.O.W.E.R. (People's Organization for War and Energetic Revolutionaries), qui reprenait la rhétorique des Black Panthers tout en étant moins radicalement opposé au pouvoir politique. La violence policière (à l'encontre des Noirs) le rendit moins prosaïque au fil des années, et il choisit d'entrer dans les Black Spades, un gang du Bronx. Il fut vite remarqué grâce à sa tchatche et à son charisme, ainsi qu'à sa capacité de traverser sans peur les lignes et les territoires ennemis pour y recruter et, ainsi, étendre l'influence de son gang : celui-ci devint l'organisation criminelle noire la plus importante du Bronx, et Bambaataa un « seigneur de guerre ».

C'est lors d'une trêve des gangs, en 1971, qu'il débuta comme DJ dans un centre social, et organisa des « block parties » (fêtes de quartiers). Très vite, il fondera la Bronx River Organization, puis, plus tard, la Zulu Nation. Avec l'idée de ne plus se battre, mais d'occuper les terrains par la musique autant que le trafic, et d'inscrire des activités artistiques dans un cadre communautaire, pour mieux rayonner ensuite. Avec ses mix empruntant au rock, à la salsa, aux rythmes cubains, à la soul et au funk, Afrika Bambaataa fut aussi le premier à unifier des musiques noires en un nouvel art, inventé par un autre : le DJing.

Le DJing avait en effet été créé peu de temps avant par un Américano-Jamaïcain né en 1955, Clive Campbell, alias DJ Kool Herc, qui le premier organisa des « house parties » (soirées privées) hip-hop. Il avait grandi à Kingston, où il avait connu les sound-systems jamaïcains, avant de s'installer à New York avec sa famille. Un jour, il bricola un truc, avec sa mixette à huit prises, et trouva comment créer des boucles et des samples qui pouvaient se dupliquer et se mixer ensemble. La base du beat hip-hop, tout simplement.

Un troisième homme du Bronx trouva le moyen d'enchaîner les musiques sans temps mort : Joseph Saddler, dit Grandmaster Flash, était réputé pour son habileté à changer de disques avec les pieds, les mains derrière le dos – d'où son titre de Grandmaster (« grand maître »), son surnom de Flash étant une référence au superhéros crée en 1940 par DC Comics.

Le hip-hop était une ébauche de sons venus des machines et des réverbérations, une messe qui unissait la soul, le funk, la salsa, voire le reggae et le ska. C'était un mouvement, une tribu, une discipline, un univers. La « nation hip-hop », comme le diront bientôt ses adeptes, dansait le breakdance, adopté par des gamins trop jeunes pour être admis dans les clubs : en inventant leurs propres cours, leurs agoras et leurs rythmes à eux, ils réitéraient à leur façon ce qu'avaient fait quinze ans plus tôt les jeunes Londoniens des Swinging Sixties. Les sessions jams en extérieur amenèrent le break au grand jour, à l'occasion de « battles » entre bandes. Plus tard, avec le gangsta rap de la fin des années quatre-vingt, elles seront le moyen de se mesurer entre gangs, de prouver sa suprématie.

Pendant un certain temps, disons jusqu'à l'apparition de ce gangsta rap, l'« organisation » de Bambaataa parvint à dissuader les jeunes délinquants de poursuivre dans la voie de la violence. La Nation développa – avant l'heure – une sorte de philosophie jedi, avec une liste de vingt préceptes, parmi lesquels : « Les Zulus doivent chercher la connaissance de soi afin de s'élever au milieu de la jungle urbaine », ou « Les membres zulus doivent chercher des façons de survivre positivement dans la société. Les activités négatives sont des actions qui relèvent du côté injuste des choses. La nature animale est une nature négative. » Une nature que les Zulus combattaient en suivant les enseignements de la Nation of Islam, fondée en 1930 à Détroit, qui prônait autant un nationalisme afro-américain que des valeurs religieuses librement inspirées du Coran – raison pour laquelle elle est considérée comme une secte par la majorité des organisations musulmanes américaines. Malcolm X en fut membre jusqu'à son retour d'un pèlerinage à La Mecque, en 1964, date à laquelle il en dénonça le racisme. Le controversé Louis Farrakhan en est le leader depuis 1978, et a notamment été à l'origine de la Million Man March d'octobre 1995 à Washington, plus grand rassemblement afro-américain depuis la marche de 1963 sur la capitale.

Grâce aux blocks parties et leurs MC (maîtres de cérémonie), grâce au breakdance et au graffiti, le hip-hop canalisait les revendications afro-américaines. Il les balançait à la face des Blancs, des policiers et des politiciens de New York. C'est ce que découvrirent les punks du Clash lorsqu'ils arrivèrent dans la métropole. Bientôt, toute l'Amérique entendra ce cri. Puis le monde entier.

Ainsi que l'écrivit somptueusement Jeff Chang, journaliste spécialiste du hip-hop, dans un ouvrage de référence intitulé *Can't Stop Won't Stop – Une histoire de la génération hip-hop* : « Chaque fois qu'un b-boy ou une b-girl entrait dans le cercle, il écrivait la propre histoire de sa génération. Commençant debout dans le top rock, les mains levées comme pour donner des coups de couteau à la façon d'un membre de gang en mouvement, se balançant d'un pied sur l'autre comme Ali au milieu d'un rope-a-dope, se jetant à terre comme James Brown, [...] et ponctuant le tout avec une grimace à la Bruce Lee ou en tirant la langue ironiquement à la façon maorie – toute l'histoire du corps hip-hop dans une démonstration virtuose de style. »

Les graffitis : au nom du rap, des comics et du pop art

Après la danse et ses transes, le graffiti compléta la révolution hip-hop. Conçus comme un défi, d'abord visibles et pratiqués sur un petit périmètre, ces lettres et ces mots peints à la bombe recouvrirent en quelques mois les métros de New York, que les jeunes peignaient durant la nuit, lorsque les wagons stationnaient au dépôt. « Vous êtes là sur un quai de métro, tout est gris et sinistre et voilà soudain qu'arrive un de ces métros graffités qui éclairent tout comme un énorme bouquet d'Amérique latine », selon les mots du grand écrivain Norman Mailer, dans un court texte intitulé *The Faith of Graffiti,* en 1974. Les autorités de la ville et la Metropolitan Transit Authority crurent bon de les faire disparaître illico, dans un empressement qui... les tourna eux-mêmes en ridicule. Eussent-ils pris le pouls de leur propre jeunesse et tenté de comprendre ce qui se jouait, ils auraient saisi que le destin d'un graff est d'être perpétuellement effacé, et recouvert par un autre. C'est ce qui se passa lors de la première campagne antigraffitis en 1972...

Par la suite, cet art de rue évolua de façon spectaculaire : les lettres s'ornèrent de contours complexes, de couleurs vives, de motifs et de reliefs. Les noms et les mots dessinés furent inclus dans des bulles, mis en scène comme… dans les comics des années trente et quarante. Deux générations après l'invention de ces derniers, et alors que les superhéros étaient passés de mode (ils le redeviendront grâce aux blockbusters hollywoodiens), la première strate de ce mille-feuille appelé pop culture se pacsait avec la dernière invention en date, le hip-hop, pour participer à la nouvelle révolution.

La pop culture est un éternel recommencement. Dans les graffitis, les lettres se courbèrent, enflèrent, prirent du volume, elles acquéraient une dynamique, donnant au mot un mouvement qui semblait dynamiter les murs en béton, pulvériser l'acier des wagons. Les œuvres se faisaient stupéfiantes fresques thématiques, couvrant des flancs entiers de wagons de quatre mètres sur vingt. Un véritable dub visuel. N'en déplaise aux pisse-froid, alors très nombreux, le graffiti est du street art. Andy Warhol, parfaitement au fait de ce qui se passait en ville, s'intéressa à la large palette de styles de ce nouvel art visuel. Dans les années quatre-vingt, le célèbre pacha adouba le jeune Jean-Michel Basquiat, ex-SDF qui graffait depuis 1976 sur les murs de Brooklyn, devenu une star de l'art contemporain.

Ainsi New York s'extirpait-il des seventies meurtries. Scindée entre quartiers destinés à devenir ultrariches et zones laissées à l'état de zone (Brooklyn, et surtout le Bronx), la ville avait connu l'arrivée de l'héroïne dans les veines des junkies et dans le business des gangs. Mais le hip-hop se déployait, et une génération achevait de poser les bases d'une révolution, une pop culture composée de breakdance, de jams, de graffitis, de DJ, de sets en public, d'un rap qui allait passer des ghetto-blasters aux baladeurs mp3, s'adaptant aux CD et aux autoradios. Le rap était alors la bande-son des quartiers et des mégapoles, et celle des deux sports de rue majeurs aux États-Unis : le basket et le football – américain. Le hip-hop possédait les mêmes matrices originelles que le rock : c'était une jeunesse se saisissant d'une lutte, et qui la détournait en mouvement générationnel et culturel. Typiquement pop donc, et rattrapé par le consumérisme, le rap fut créé par des Afro-Américains qui avaient donné corps au célèbre refrain de James Brown des années plus tôt : « Say it Loud (I'm Black and I'm Proud). »

Dans les années soixante-dix, la diversification de la pop avait constitué un porte-voix pour les minorités. Dans les années quatre-vingt, la révolution hip-hop allait donner aux Afro-Américains les moyens de s'en sortir autrement que par le sport ou le crime – portes de sortie de toutes les minorités du monde depuis la révolution industrielle et l'accroissement de la barbarie capitaliste. Le hip-hop est pop parce qu'il est cet élan. Il l'est aussi parce qu'il repose sur une communauté de fans, sur des codes et un look communs. Avant qu'il ne se fourvoie (sans pour autant sombrer) dans le gangsta rap et le bling-bling en fin de décennie, il avait eu le temps d'opérer sa révolution.

Le hip-hop redéfinit toute la pop

En 1979, à New York, trois hommes passaient une audition dans l'un de ces labels qui s'étaient montés dans la précipitation pour produire et distribuer des groupes de rap – soit le même phénomène qu'en Angleterre avec le rock. Michael « Wonder Mike » Wright, Henry « Big Bang Hank » Jackson et Joey « Master Gee » Robinson, lui-même fils de la productrice Sylvia Robinson, sortirent ainsi un inoubliable morceau de quinze minutes dans sa version intégrale, *Rapper's Delight,* le premier titre du label Sugar Hill Records, du nom du quartier nord de Harlem. Le groupe, The Sugarhill Gang, lançait un pavé dans la mare du débat. Plus tard, même des rappeurs trouveront que ce truc n'aurait jamais dû devenir un disque : les trois hommes rappaient plus qu'ils ne chantaient, alors que, pour beaucoup, le hip-hop ne se concevait qu'en live session et en enchaînements.

Ainsi pensait un certain Chuck D, dix-neuf ans, qui vivait dans les quartiers noirs de Long Island, et qui ne tardera pas à entrer dans la danse avec sa formation, Public Enemy. Mais tenir quinze minutes d'un truc pareil, c'était un miracle. Ce miracle allait d'ailleurs dépasser la stricte scène du hip-hop new-yorkais, s'imposer sur les radios blacks, puis généralistes, et attaquer le Top 40 US, alors dominé par la chanson *No More Tears,* une collaboration entre Barbra Streisand et Donna Summer. *Rapper's Delight* annonçait la fin du disco. Le premier tube rap de l'histoire s'imposait à l'Occident. Une tchatche, du scratch, un beat issu de la soul : c'était aussi profond que la mémoire d'un peuple descendant d'esclaves qui a tant donné pour que d'autres vivent le rêve américain, et ça a une pêche d'enfer.

La même année, un album était distribué dans les rues de New York : *The Message,* par Grandmaster Flash and the Furious Five. En 1980, ils signèrent eux aussi avec Sugar Hill Records, et *The Message* devint platine en moins d'un mois. Le morceau du même nom, qui élargit les frontières du genre, inspira à Afrika Bambaataa son titre *Planet Rock* (et son clip d'une grande force incantatoire), qui constitue une véritable messe : Bambaataa et les Soulsonic Force, qui œuvrent alors avec lui, sont grimés comme des

Indiens, dont un Iroquois, en hommage aux punks, dans une procession de Pâques à La Nouvelle-Orléans. Les branchés de New York Downtown furent sciés par une telle réplique de Bambaataa. Le disque du même nom est une merveille musicale, un opéra polyculturel avec des musiciens possédés, des instruments en apesanteur dans un cosmos psychédélique, pour un son inédit sur Terre.

Passé des jam-sessions aux albums, aux tubes et aux clips, le rap avait dorénavant trouvé une audience plus large, des fans, mais aussi des pratiquants. Une nouvelle génération de b-boys apparut alors. Pourvus de boîtes à rythmes tonitruantes, leurs raps contrastaient nettement avec les rythmes reggae ou disco des productions de la génération précédente. Ils s'habillaient simplement, en Adidas et en noir, s'éloignant là aussi des costumes d'apparat en technicolor de la génération Bambaataa. Les précurseurs de cette nouvelle tendance furent Run-DMC, un trio du Queens. Dès 1983, ils signèrent un contrat de 2 000 dollars pour un single chez Profile Records : *It's Like That/Sucker MC's*, qui se vendit à 2 500 000 exemplaires dans le monde entier. Ce, avec ses beats plus durs et des textes qui ne faisaient pas de quartier.

En 1985-1986, Chuck D et son groupe, Public Enemy, redonnèrent un souffle politisé au genre, délaissant le côté festif pour dénoncer les inégalités sociales et raciales. Le punk en avait rêvé, le hip-hop le réalisa. Dès lors, le nombre de groupes de rap explosa. Au cours des quinze années suivantes, le hip-hop quitta les parcs, les clubs et les maisons de quartier pour entrer dans les studios, puis à la télé. Les labels indés investirent dans ce nouveau « produit » culturel, pour l'adapter aux standards de l'industrie musicale. La suite de la décennie quatre-vingt vit la montée de la tension entre culture pure et business marketing dans la communauté hip-hop. Cette tension, selon l'ouvrage de Jeff Chang cité plus haut, « allait devenir l'une des intrigues principales de l'histoire de la génération hip-hop », qui se prenait de plein fouet les bavures policières en Californie, les délires bling-bling et enfumés du gangsta rap, mais aussi la ringardise et la raideur conservatrice des administrations Bush (père) et Clinton sur la législation culturelle du pays, jusque dans les années quatre-vingt-dix. Comme tous les politiciens aux manettes du monde depuis que le capitalisme le gouverne, ces derniers n'avaient pas compris ce que la terre entière avait capté au sujet du hip-hop, formulé ainsi par le critique d'art Kim Levin : « Les artistes pop ont fait de l'art à partir de la culture pop. Ces jeunes lascars renversent le processus, faisant une culture populaire à partir de l'art. »

Le rap et la France : une affaire d'ondes

Si, à New York, les « quartiers » sont au cœur de la ville, à Paris, ils sont situés au-delà du périphérique, construits comme de vulgaires Lego dans les années soixante et soixante-dix. Ce sont les « banlieues », celles d'où venaient, déjà, les zonards et les blousons noirs des années cinquante et soixante, cette époque lointaine où le capitalisme reposait sur une économie qui se régulait et s'équilibrait entre offre et demande, où il y avait beaucoup de travail et peu de chômage. Vingt ans après, l'économie était soumise à la finance folle, et les générations nées après 1970 savaient qu'elles connaîtraient le chômage. Au mitan des années quatre-vingt, les banlieues rappaient leur désespoir. « C'est l'histoire d'une société qui tombe, et qui au fur et à mesure de sa chute se répète sans cesse pour se rassurer : jusqu'ici tout va bien, jusqu'ici tout va bien, jusqu'ici tout va bien... Le problème, c'est pas la chute, c'est l'atterrissage... » : ainsi se conclut le film *La Haine,* réalisé en 1995 par Mathieu Kassovitz. Tourné en bonne partie dans un quartier (celui des Muguets à Chanteloup-les-Vignes, Yvelines), il fut inspiré d'un fait réel survenu en 1993 : l'affaire Makomé M'Bowolé, Zaïrois de dix-sept ans tué d'une balle dans la tête par un policier lors de sa garde à vue dans le dix-huitième arrondissement de Paris. Un drame mis en musique par le groupe de rap français Assassin, cofondé en 1985 par un certain Rockin' Squat, de son vrai nom Mathias Cassel, petit frère de l'un des acteurs révélés alors par le film de Kassovitz, Vincent Cassel. Aujourd'hui, Kassovitz et plus encore le rappeur ont sombré dans un conspirationnisme qui voit des Illuminati partout. L'un comme l'autre ont pourtant, il y a de courtes années, participé à faire du rap français le meilleur du monde après le rap US. Et on pense ici qu'Assassin est, avec IAM et NTM, à l'origine de la plus riche architecture sonore, et la mieux produite, que sut donner le hip-hop français. *La Haine,* c'est le même thème que *Taxi Driver,* de Martin Scorsese (le personnage de Vinz, interprété par Vincent Cassel, possède des points communs avec Travis Bickle, interprété par De Niro ; la scène du miroir, au début du film, où il se demande à lui-même : « C'est à moi que tu parles, là ?! », est un clin d'œil explicite), transposé à la banlieue française, adapté avec réalisme et intelligence, dans une version sociologique hip-hop.

Quand le film sortit (avec succès public, et gêne dans les ministères), le développement de la scène hip-hop hexagonale était parallèle au délabrement progressif de ces quartiers, ces cités, ces banlieues oubliées par les politiciens. Outre-Atlantique, l'architecture hip-hop dénonçait les violences policières et plus généralement la ségrégation que subissaient les Afro-Américains.

En France, il portait la voix des deuxième et troisième générations de Français issus de l'immigration, qu'à l'époque on appelait dédaigneusement « les Arabes », et qu'aujourd'hui encore on peine à dire « français ». Comme leurs « confrères » aux USA, ces jeunes citoyens – aux parents desquels la République n'a jamais voulu accorder le droit de vote – attendent encore l'ascenseur social qu'on leur avait promis, se résolvant souvent au capitalisme illégal (trafics, crimes).

Comme le reste du monde, l'Hexagone reçut le choc *Rapper's Delight* comme une bombe. Toutes les boîtes de nuit passaient ce titre, entré au septième rang des charts français dès 1979. La critique musicale ne fut pas convaincue (une musique sans instrument ? des individus rayant des disques pour scratcher ? une hérésie musicale…), mais elle allait l'être par *The Message* de Grandmaster Flash, en 1982. Et les jeunes vivant dans les banlieues oubliées, eux, se saisirent du hip-hop yankee comme de leur tout premier logement : avec l'idée d'en faire un lieu qui leur ressemble. Il faut dire que le funk et la soul formaient déjà leur décorum musical. Les curieux réagirent sans tarder. Des découvreurs comme Jean-François Bizot ou Bernard Zekri, à la tête du mensuel *Actuel* (phare de la contre-culture en France, puis du gonzo-journalisme), devinrent des têtes chercheuses ; Zekri allant jusqu'à vivre à New York pour trouver l'âme de cette culture moderne (et aussi pour vendre la vague new wave aux Américains).

En 1982 eut lieu l'événement qui marqua le début d'une culture hip-hop en France : le New York City Rap Tour. Organisée par Europe 1 sur un projet du susdit Bernard Zekri et de Jean Karakos, dirigeant du label Celluloïd, la tournée rassemblait pour la toute première fois hors USA une partie des pionniers (Afrika Bambaataa,

Grandmaster Flash), avec une armée de breakdancers (le Rock Steady Crew), la crème des graffeurs (Phase 2, Futura 2000) et autres MC's, DJ, rappeurs et scratcheurs. Une date à Londres, cinq en France dont deux à Paris : la Grande Nuit Rap, le 21 novembre au Bataclan et le 27 à l'Hippodrome de la porte de Pantin (qui fut ensuite démoli pour laisser la place à l'actuel Zénith). Si le public n'était pas si nombreux, les initiés et les curieux découvrirent toutes les facettes de la culture hip-hop, représentée par une Zulu Nation venue en force.

Les deux soirées furent animées par Alain Maneval, présentateur de « Mégahertz » sur TF1 (alors chaîne du service public), émission diffusée de 1982 à 1984, la première porte d'entrée médiatique du genre en France. Par la suite, toujours sur la première chaîne, l'éphémère émission « H.I.P.-H.O.P. », diffusée de janvier à décembre 1984, le dimanche après-midi, invita elle aussi des b-boys, des rappeurs et des smurfeurs. Première émission TV française présentée par un Noir, Sidney Duteil, elle restera une référence cathodique. Sidney, lui, sombra ensuite dans la télévariété. Mais il avait auparavant accueilli les formations importantes du moment : The Tribe, The Breaks, The Art Of Noise, Sugarhill Gang, Kurtis Blow, Herbie Hancock, Afrika Bambaataa, et même Madonna, interprétant *Holiday*, de prestigieuses troupes de danseurs, et les Paris City Breakers. Parmi les jeunes adolescents « breakant » alors sur le plateau figurent des piliers du rap français, notamment un JoeyStarr tout jeunot.

Le rap bénéficia aussi de l'apparition des radios libres, dès 1981, quand Mitterrand libéra les fréquences de la bande FM : à Paris, Carbone 14, Radio 7 et surtout Radio Nova furent les catalyseurs. Quelques animateurs de ces stations travaillaient pour des disquaires indés le jour, se fournissant ainsi en imports rarissimes qu'ils passaient ou scratchaient la nuit à l'antenne. Parmi ces DJ radio, un homme dont on peine à croire le rôle essentiel, puisqu'il devint dès 1987 un chanteur de variétés insipides (*Un enfant de toi*, entre autres) abonné au Top 50 : Phil Barney, de son vrai nom Philippe Baranès, arrivé en France avec ses parents après l'indépendance de l'Algérie. Il découvrit la musique noire grâce à ses voisins de palier, dans la cité qu'il habitait, et, devenu passionné puis spécialiste de funk et de rap, il fut animateur sur Carbone 14, puis DJ dans des clubs et des boîtes.

De son côté, Radio Nova ne se contentait pas de passer les tubes américains, elle soutint nombre de jeunes talents hexagonaux. C'est sur l'antenne de Nova que Daniel Bigeault, grandi à Bagneux, en banlieue sud de la capitale, commencera ses œuvres. À dix-huit ans, le jeune homme était parti en quête d'un idéal… en Californie. En 1978, il avait ainsi découvert la scène hip-hop de San Francisco, qui développait un son plus cash, plus gangsta, que la côte Est. De retour en France, désormais pétri de funk et de hip-hop, il anima « Funkabilly » sur Radio Arc-en-Ciel. Sous le nom de Dee Nasty, il coanima ensuite le « Deenastyle » sur Nova, dès 1980, avec un autre rappeur important de la scène d'alors, Lionel D, diffusant les nouveautés de Sugar Hill Records et d'Enjoy Records. Quelques années plus tard, à la suite d'un désaccord avec la direction de la station, il abandonnera l'antenne, mais il avait eu le temps de sortir, en 1984, *Paname City Rappin'*, chez Funkzilla Records et Cabana Music. Premier album de Dee Nasty, c'était surtout le premier disque hip-hop autoproduit en France. Une galette sur laquelle se construisit le genre made in France. Sa pochette, faite de collages en noir et blanc, avec le nom de l'artiste en caractères graffés, était totalement novatrice.

Il introduisait des paroles engagées et des lignes de

chant plus riches, plus variées, du jamais-vu en France. Pour autant, le rap hexagonal manquait encore de personnalité vocale, de flow. En outre, il demeurait trop formaté, une vraie usine à tubes. L'overdose smurf, en 1984, en témoigne. Même Annie Cordy s'y adonna !

Banlieues, Marseille, Marche des beurs : la France devient l'autre pays du hip-hop

À Paris, les terrains vagues du dix-huitième arrondissement servirent de bases d'entraînement pour les breakdancers et les graffeurs, tout comme les dalles et les tours du tout jeune quartier des Olympiades (bâti au début de la décennie soixante-dix), dans le treizième arrondissement. Plusieurs bandes de graffeurs (les Paris City Painters, les Ugly Three – avec Dee Nasty, Webo et Bad Benny) et des artistes (Psyckoze, Colt, Darco, Lokiss) s'y révélèrent. Ces jeunes connaissaient par cœur les photos du métro new-yorkais, et reproduisaient ce nouvel art du graffiti sur les terrains vagues, mais aussi sur les lignes de RER de la banlieue nord. C'est dans ce contexte, et le long de la ligne 13 du métro parisien, qui passe par Saint-Ouen et Saint-Denis, que deux hommes, membres de bandes amies, peignirent et graffèrent ensemble des murs entiers le long de lignes du RER et des transports franciliens. Kool Shen et JoeyStarr s'étaient rendus à New York pour un voyage initiatique, et ils avaient pris le hip-hop en pleine face. Le futur Suprême NTM n'était alors qu'un collectif de jeunes graffeurs, de breakdancers et de rappeurs qui s'étaient croisés au fil des ans au Trocadéro, place forte de la breakdance à Paris, ou lors des après-midi DJ organisés un temps au Bataclan et dans d'autres salles parisiennes. Ils avaient assisté aux mêmes concerts qui, malgré la qualité des affiches proposées, avaient mal tourné. Comme celui du 19 mai 1987, où les Beastie Boys et Run-DMC jouaient au Grand Rex. Les premiers avaient un peu chauffé et insulté le public, engendrant une baston monstre.

Les médias découvraient alors les banlieues, leurs jeunes, présentés comme des sauvages, et leur culture de la violence. Public Enemy était alors vu à raison comme un groupe homophobe, et à tort comme un groupe nationaliste noir. Le bling-bling et les flingues commençaient à envahir l'imagerie hip-hop aux États-Unis. Bref, on utilisa à l'encontre de la jeunesse rap les mêmes griefs que ceux qu'on avait brandis contre la jeunesse rock dans les années soixante. Les blousons noirs des banlieues d'alors avaient eux aussi dévasté les salles lors des premiers concerts des stars américaines du rock'n'roll (Vince Taylor à l'Olympia notamment). Les banlieusards étaient déjà des fils de prolos. Dorénavant, une bonne partie des banlieusards appartenaient aussi à la deuxième génération de Français issus de l'immigration. Ils parlaient verlan, avaient troqué le cuir pour le survêt Adidas, les santiags pour les baskets Nike, mais conservaient parfois le polo Lacoste. La zone d'antan s'appelait désormais cité mais provoquait autant de peur et de rejet, sentiments exacerbés par les émeutes surmédiatisées des Minguettes (Vénissieux, agglomération de Lyon), en 1981 puis durant l'été 1983.

C'est de cette même banlieue lyonnaise que naquit la Marche pour l'égalité et contre le racisme, surnommée « Marche des beurs », une réaction pacifique à la bavure d'un policier à l'encontre de Toumi Djaïdja, jeune président de l'association SOS Avenir Minguettes. Partie de Marseille le 15 octobre 1983, achevée à Paris le 3 décembre, avec 100 000 personnes et une délégation reçue à l'Élysée par Mitterrand, cette Marche demeure fondatrice de la mouvance antiraciste en France, car elle eut lieu l'année où le Front national connut à Dreux sa première percée électorale, un an avant que ce parti n'envoie à Bruxelles ses premiers députés européens. Initiée à Vénissieux par un pasteur (Jean Costil) et un curé (le père Christian Delorme, le « curé des Minguettes »), elle n'était pas sans rappeler les actions de Martin Luther King lors du Mouvement des droits civiques aux États-Unis, dans les années cinquante. Plus tard, le rap deviendra la bande-son de ces revendications. La banlieue était parvenue à mettre sa rage en musique. Une musique encore nouvelle, portée par des beats, des rimes et un verlan qui pour beaucoup d'élites (intellectuelles, politiciennes) demeurent une langue étrangère. Le discours majoritaire faisait passer cette musique pour une musique violente, certains attaquant ses origines étrangères. Cela dura jusqu'au début des années quatre-vingt-dix, en France.

Mettons le cap au sud, à des centaines de kilomètres de Paris, jusqu'à Marseille, la plus ancienne ville de France (et, pour ceux qui l'aiment comme moi, la plus belle ville du monde), fondée six cents ans avant notre ère par des marins grecs. C'est l'autre capitale du rap hexagonal. En cette avant-dernière décennie du deuxième millénaire, les Marseille City Breakers s'y posèrent en précurseurs des formations de breakdance dans le Sud. Au croisement du reggae, du rock et de la poésie occitane, le groupe Massilia Sound System prêtait déjà une oreille à cette nouvelle scène locale, dans sa MJC du quartier Corderie, entre Endoume et la corniche Kennedy.

C'est là que se produisirent pour la première fois Éric « DJ Kheops » Mazel et Philippe « Akhenaton » Fragione, dans une formation appelée Lively Crew, en mars 1986. Les deux hommes mixaient dans la même émission d'une station locale, Radio Sprint. Grâce à leur activisme forcené, les deux rappeurs imposèrent le hip-hop à Marseille. L'année suivante, ils passèrent l'été à New York, où ils retourneront par la suite, y apprenant l'importance primordiale de la production, de l'architecture sonore. Après deux, trois hésitations, le groupe marseillais trouva son nom, IAM, autour d'Akhenaton et Kheops, mais aussi Shurik'n (Geoffroy Mussard), Imhotep (Pascal Perez), Kephren (François Mendy) et Freeman (Malek Brahimi).

En 1990, Roker Promocion, label indé du Massilia Sound System, pourtant plus habitué au reggae, produisit *Concept*, le tout premier album d'IAM, dont le son pur, la maîtrise du sampler et du mixage firent du bruit dans la ville. La légende raconte qu'un cousin marseillais de Rockin' Squat se débrouilla pour faire passer la cassette à Paris. Pour tout le rap français, NTM compris, ce fut une secousse XXL. L'été de la même année, quand Madonna programma quelques dates en France (trois à Paris, une à Nice), IAM fit sa première partie. Au nord, personne n'avait rien vu venir.

C'est aussi par ce genre de rapport Nord-Sud que le hip-hop s'inscrivit dans l'histoire du territoire français. Depuis Louis XIV, qui tourna les canons royaux non pas contre la mer pour bloquer d'éventuels envahisseurs, mais contre la ville elle-même pour mater les rébellions, les relations entre Paris et la Provence ont toujours été un défi (l'histoire du football et de l'OM s'est donc parfaitement greffée sur l'honorable défiance provençale). S'il arriva, dans la décennie quatre-vingt-dix, que NTM et IAM fassent concert commun, leur rivalité épousa celle, footballistique, entre l'Olympique de Marseille et le Paris-Saint-Germain. Les groupes hip-hop se rangent ainsi derrière le club de leur ville – Akhenaton dessina d'ailleurs l'un des trois maillots de l'OM pour la saison

2012-2013 (le superbe orange et noir réversible).

Comme outre-Atlantique, le hip-hop français redevint une poule aux œufs d'or. En 1990, la toute première compilation *Rapattitude* rassemblait une partie de la crème d'alors (NTM, Assassin, Saï Saï, Tonton David, Daddy Yod ou Dee Nasty) à l'exception notable d'IAM. Les signatures en majors furent nombreuses : NTM chez Epic (Sony), MC Solaar chez Polydor, Assassin chez Polydor, IAM chez Delabel/Virgin. Les maisons de disques se servaient dans ce vivier, et le hip-hop passa du statut de contre-culture à celui de culture alternative, mêlant militantisme rageur et appât du gain, à l'image de ce que la pop culture devint, justement, dans la décennie quatre-vingt. Et dont elle n'est pas sortie depuis.

GREAT BLACK MUSIC

Quel est le lien le plus étroit entre Prince, John Coltrane, Billie Holiday, James Brown, Fela Kuti, Michael Jackson, Beyoncé et Public Enemy ? Quelle force historique relie à jamais Johannesburg, Chicago, Détroit, Lagos, l'Éthiopie et la Jamaïque ? Plus qu'une couleur, plus qu'une étiquette, plus même que des musiques, c'est la Great Black Music. Une véritable « United Colors » unissant rhythm'n'blues, funk, hip-hop, ska, soul, reggae, jazz, blues, disco et afrobeat.

La « grande musique noire », qui a un poing enchaîné et un poing levé, a pleuré la tragédie et les injustices de l'esclavage, chanté le mouvement des droits civiques, accompagné la souffrance des femmes et des hommes noirs du Mississippi aux villes du Nord. C'est le gospel, c'est la trompette de Louis Armstrong, celle de John Coltrane puis de Miles Davis, c'est le blues de John Lee Hooker, c'est le freedom song, c'est le rock de Little Richard, c'est le son Motown, c'est le rire et la fierté de James Brown, c'est Prince et Michael Jackson, mais c'est aussi le smurf, le hip-hop, le gangsta rap ou le R'n'B d'aujourd'hui, c'est Rihanna et Beyoncé.

L'appellation fut utilisée pour la première fois en 1965. On la doit à l'Art Ensemble of Chicago, une coopérative artistique réunissant de jeunes musiciens locaux, et pratiquant un jazz expérimental. Mais l'histoire de ce mouvement musical avait commencé avant, avec les cris des esclaves du Deep South américain, qui, n'ayant pas le droit de parler, communiquaient entre eux par des complaintes chantées, les « worksongs ». Les negro spirituals puisent aux mêmes racines : les esclaves priaient en criant, mais aussi en chantant.

L'esclavage fut aboli aux États-Unis en 1865, mais la ségrégation raciale s'y perpétua jusque dans les années soixante. Toujours dans le Deep South, on lynchait les Afro-Américains et, pour les achever, il arrivait qu'on les pende aux arbres, qu'on leur jette des pierres ou qu'on les fasse brûler vifs. En 1937, le poète communiste américain Abel Meeropol composa un poème, *Strange Fruit*, qui raconte ces scènes. Deux ans plus tard, Billie Holiday l'interpréta en musique. « Les arbres du Sud portent des fruits étranges, baignés de sang des racines jusqu'aux feuilles, des corps se balançant dans la brise du Sud, des fruits étranges pendant aux grands arbres », dit le texte. Déjà fort connue à l'époque, Billie Holiday avait eu sa part de souffrance dans la vie (violée à onze ans, prostituée à treize, elle devint très tôt dépendante à l'opium puis à l'héroïne et au LSD). *Strange Fruit* fut blacklistée par la majorité des radios. La chanson, déchirante, mêlant le gospel, le blues et le freedom song, devint l'un des hymnes du mouvement des droits civiques. Jamais, avant Billie Holiday, une chanteuse noire n'avait osé s'attaquer à ce tabou.

La Great Black Music est la revendication d'une fierté, comme le chantait James Brown en 1968 : « Say it Loud / I'm Black and I'm Proud ! » C'est la bande-son de l'Atlantique noir, sur les deux rives de la diaspora, la voix des esclaves et l'écho de leurs ancêtres africains. C'est le retour aux racines, et c'est la musique africaine qui se nourrit à son tour de l'Amérique noire, du jazz, du blues, du gospel, des rythmes de La Nouvelle-Orléans. C'est l'afrobeat, qui mélange la musique traditionnelle nigériane, le jazz, le funk, les percussions, et une transe musicale créée par Fela Kuti et son batteur Tony Allen, tous deux nigérians. Ce sont les transes érotisantes de Jimi Hendrix et de Prince, c'est Michael Jackson avant qu'il ne veuille transformer son apparence, c'est le rhythm'n'blues fiévreux et hypnotique d'Ike et Tina Turner, c'est le reggae des Wailers, le scratch et le rap avant l'heure de Lee Scratch Perry, c'est la révolution hip-hop, qui a troqué le fer des carcans pour des chaînes en or, c'est le R'n'B de Beyoncé. C'est une saga africaine, américaine, caribéenne, européenne. On en trouve des traces dans le rock d'Elvis Presley comme dans presque toutes les musiques pop.

C'est peut-être, en fait, la plus grande aventure politique et artistique de l'histoire moderne.

1980-1990 (2)
Videostars, Blaxploitation et rock alternatif

À l'aube des années quatre-vingt, la culture dépendait encore largement d'une minorité centralisée, qui décidait des goûts saisonniers des masses, dans un mouvement du haut vers le bas. Mais, du hippie au punk en passant par tous les courants musicaux abordés dans ce livre, la pop culture avait fait trembler l'édifice. Fille du baby-boom, elle avait pour elle le nombre, et la vigueur de la jeunesse. En ce début d'années quatre-vingt, les industries culturelles s'adaptaient et tentaient de garder la main sur le manche. Par la suite, elles allaient pouvoir compter sur un capitalisme de plus en plus triomphant.

Top 50, MTV, clip et entertainment

La contre-révolution morale portée par la dame de fer en Grande-Bretagne puis, outre-Atlantique, par l'ancien acteur de western Ronald Reagan, élu quarantième président des États-Unis fin 1980, se doublait d'une idéologie ultralibérale, et accéléra dans le monde entier le passage d'une société de consommation (en théorie) profitable à tous vers une société de la compétition. Où la consommation ne devait plus bénéficier un peu à chacun, mais rapporter beaucoup à peu. Il fallait donc vendre en masse.

La pop est une affaire d'objets et de supports. Durant les Trente Glorieuses, le vinyle avait été roi, avec le 33-tours (vingt-cinq minutes de musique par face), inventé par la Columbia en 1948, pour enterrer le vieux 78-tours, et le 45-tours, créé l'année suivante par le concurrent RCA. Les quatre minutes par face de ce dernier format furent le grand support pop. Mais la domination du vinyle s'effrita dans les années quatre-vingt au profit de la cassette audio. Jusqu'en 1979, celle-ci ne pouvait être lue que sur des magnétophones, des radiocassettes, des ghetto-blasters ou sur l'autoradio de la voiture. Avec le walkman, la cassette devint le symbole de la modernité.

Très vite, on put enregistrer sur des cassettes vierges la musique diffusée à la radio : la manière de consommer la musique changea radicalement. Les copies et les échanges étaient tels qu'une taxe salée fut appliquée sur les lecteurs et les cassettes vierges. Nous le verrons, les différentes générations de magnétoscopes et de cassettes vidéo eurent un impact similaire sur le cinéma et la télévision : liberté accrue en termes de choix, de découvertes, d'échanges, et donc de « recommandations » entre amis ou communautés.

Devant la frénésie populaire et médiatique croissante de cette révolution qui avait vingt ans, artistes, producteurs et studios – bref, l'industrie du disque tout entière – accentuèrent alors la production d'une variété qui prit des accents soul, disco, punk ou hard rock, pop rock, puis rap. Comme pour tout phénomène économico-culturel qui porte l'étiquette « variété », il s'agissait d'abord d'abreuver les consommateurs avec des nouveautés facilement identifiables. La variété acquit ainsi ses caractéristiques : les morceaux sont formatés au cordeau (le duo couplet-refrain, un pont, et pas de gimmick), l'inventivité n'y est pas une priorité (le but n'est pas artistique mais industriel), un éventuel message n'est pas proscrit, mais reste à éviter. En France, ce genre de production a souvent sollicité de bons paroliers et compositeurs, et même parfois des interprètes honorables. Mais il demeure avant tout marketing.

La décennie quatre-vingt est celle des années fric. La crise était là, le capitalisme aussi, mais on pouvait penser que ça n'allait pas durer. On sait ce qu'il en a été. Dans la seconde moitié des années quatre-vingt, la radio puis la télévision (c'était sur Canal + le samedi en soirée) diffusaient une messe courue par les collégiens et les lycéens. On y voyait les belles chanteuses que l'époque lançait (Jeanne Mas, Sabrina, Samantha Fox, etc. ; pour le collégien que j'étais jusqu'en 1988, ces femmes-là achevèrent de constituer l'imaginaire érotique initié par Wonder Woman, puis par des actrices eighties comme Isabelle Pasco ou Valérie Kaprisky) et des clips osés (*Libertine, Sans contrefaçon* ou *Pourvu qu'elles soient douces*, de Mylène Farmer, notamment).

Entre tubes de supermarché, morceaux réacs, variétés insipides, chansons à message et (parfois) frémissements rock ou hip-hop, le Top 50 constitua la bande-son des années quatre-vingt. Certains tubes étaient des adaptations d'une certaine pop music : la provoc érotisante et la posture féministe pour Madonna, le disco et la new wave pour Duran Duran, Eurythmics, Depeche Mode. Artistes accomplis, ils furent tous néanmoins conçus ou (dans le cas de Prince ou de Michael Jackson, qui étaient des génies – plus encore le premier) vendus comme de la variété, rayons dans lesquels on trouvait alors leurs disques dans les magasins. La pop a ainsi influencé la variété commerciale dans un sens artistique : Prince ou Depeche Mode sont d'ailleurs sortis de cette catégorie par la suite, pour être aux rayons rock, et Michael Jackson a, aux débuts de ses délires de blancheur, été sacré « roi de la pop ».

Lancée aux États-Unis le 1er août 1981, la chaîne musicale MTV fut décisive dans la nouvelle façon de concevoir la production et la vente de la musique : le clip devenait primordial, partie intégrante d'un décorum marketing où le disque portait l'image de l'artiste et vice-versa. Si les historiens font remonter aux années vingt la naissance d'une relation entre la musique et les arts graphiques (avec le cinéma parlant), le clip dans son acception moderne naquit au début des années soixante-dix, notamment grâce à un groupe très important dans le décorum de la pop culture : les Londoniens de Queen, et leurs vidéos mettant en scène leurs sessions d'enregistrement, dès leur premier album, en 1970.

La vidéo promotionnelle de *Bohemian Rhapsody*, en 1975, reste la plus connue, et aida au succès de ce morceau opéra-rock. Elle fit aussi comprendre l'importance de pouvoir diffuser des vidéos dans des émissions de télé. Non sans une certaine dose d'autodérision, la toute nouvelle chaîne MTV inaugura son antenne avec un titre des Buggles, *Video Killed the Radio Star* (littéralement « la vidéo a tué les tubes radio »). Ne diffusant que des clips vidéo, et bientôt sur les cinq continents, MTV modifia radicalement la chaîne de l'industrie musicale : elle vendait de l'espace publicitaire aux majors et aux labels, qui devaient dorénavant produire des clips pour promouvoir leurs artistes.

Les clips constituaient de véritables objets filmiques. Celui de *Thriller*, de la future mégastar Michael Jackson, durait quatorze minutes. Réalisé sur un vrai support film (35 millimètres) par John Landis, trois ans après son film *The Blues Brothers*, le clip était une œuvre à part entière, avec un vrai scénario. Souvent considéré comme le meilleur vidéoclip de tous les temps, il contribua au succès titanesque de l'album du même nom, et de

Jackson, qui, peu après, deviendra « le roi de la pop ». En France, les émissions musicales qui éclosent durant cette décennie (« Mégahertz », « Les Enfants du rock », « Rapido ») s'appuyèrent sur cette nouvelle grammaire de la promotion pour faire évoluer l'écriture de leurs émissions. Bientôt naîtront dans l'Hexagone des chaînes en grande partie ou entièrement consacrées à la musique (TV6, M6, MCM). On évoquait alors moins le « dernier titre » d'un artiste que son « dernier clip ». Les majors faisaient désormais payer les chaînes qui les diffusaient, d'autant que de (futurs) grands noms du cinéma et de la photographie étaient passés derrière la caméra : signalons ici Jean-Baptiste Mondino (entre autres pour les Rita Mitsouko, Alain Bashung ou Madonna), David Fincher (Madonna, Sting), Michel Gondry (IAM, Massive Attack, Björk, puis Daft Punk, entre autres).

Bientôt, la gratuité de diffusion sera la règle pour les clips de moins d'un an. Les nouveautés seront donc libres d'accès… et d'autant plus vues, commentées, et finalement achetées par le consommateur.

Enfin, typique de l'économie de la pop culture à partir des années quatre-vingt, le clip musical révolutionna la façon d'envisager la musique et les musiciens, puisqu'ils y étaient mis en scène. Mais il contribua aussi à creuser le fossé entre les majors ou les artistes investissant des fortunes dans des clips élaborés, et ceux qui ne pouvaient pas se le permettre. En outre, cette interaction entre les industries de la technologie, du disque, des studios de cinéma et de la télévision marquait, sans qu'on s'en rende alors compte, les débuts de ce qui s'appellera vingt ans plus tard le multimédia. Passant des ondes et du microsillon à des écrans toujours plus nombreux, la musique et la variété faisaient leur entrée dans la société du spectacle. Les acteurs de cette industrie de l'entertainment se déconnectaient peu à peu du réel, pour évoluer dans un univers bling-bling.

Disneysation des grands mythes

Rocky, Rambo, Mad Max, Conan le Barbare, Freddy, E.T., le flic de Beverly Hills, Indiana Jones, Terminator : des noms, des symboles, des héros ou des superhéros, des films et des sagas. À l'exception de *Mad Max*, dont les quatre opus sortis entre 1979 et 2015 furent réalisés par l'Australien George Miller, toutes ces œuvres sont américaines. Ajoutez-y *Scarface, Le Parrain, SOS Fantômes, Top Gun, Retour vers le futur* et *Star Wars* (saga dont le succès planétaire se vérifie encore aujourd'hui, avec notamment la sortie, en 2005, de *Star Wars Épisode III – La Revanche des Sith*, puis dix ans plus tard avec *Stars Wars Épisode VII – Le Réveil de la Force*), et vous avez le tableau des succès cinématographiques de la décennie.

Ces œuvres en plusieurs volets, nées pour certaines dès la seconde partie des seventies, sont devenues des mythes dans les années quatre-vingt. Quelques-unes se poursuivent encore de nos jours *(Rocky, Star Wars)*, agrégeant de nouvelles générations, qui les regardent au cinéma, en streaming, en VOD, ou lors d'un voyage en avion. Lorsque ces films sortirent pour la première fois sur les écrans, les vidéoclubs existaient à peine ; leur développement s'avérera concomitant au succès exponentiel de ces blockbusters, les VHS louées opérant le même rôle décisif que le livre de poche en matière de littérature : elles offraient, après les salles obscures, une seconde vie aux films.

Des œuvres comme *Indiana Jones, Star Wars, Conan le Barbare, Terminator* jouaient sur l'absence de frontières temporelles propres aux récits d'aventure ou de fantasy dont elles étaient (en partie) issues – et que reprendront les grandes séries de genre dans les années deux mille dix. Si ces films sont au centre du décorum pop d'alors et d'aujourd'hui, ils le doivent à ce qu'ils empruntent à un genre littérature ou narratif lui-même révélé par les pulps des années vingt et trente. Mêlant récits contemporains et médiévaux, monde adulte et juvénile *(E.T.)*, ou encore aspirations philosophique et démocratique et brutalité militaire et autoritariste *(Star Wars)*, ces sagas se saisirent de trois grands sujets de réflexion qui taraudaient scientifiques, hommes d'État et écrivains – en plus de la bombe atomique : l'entente homme-machine, l'avènement de l'intelligence artificielle, et la naissance possible d'une nouvelle entité de vivants, nommés « androïdes », « réplicants », « Terminator »... selon les films ou les romans. *Blade Runner,* réalisé en 1982 par Ridley Scott, chef-d'œuvre de cette décennie, était adapté d'un roman de l'Américain Philip K. Dick (1928-2002), publié en 1966, *Les androïdes rêvent-ils de moutons électriques ?*. Cet écrivain phare de la littérature d'anticipation vit plusieurs de ses livres transposés à l'écran, dont *Minority Report,* de Steven Spielberg, en 2002, ou auparavant, en 1990, *Total Recall,* de Paul Verhoeven, réalisateur, quelques années plus tôt, de *Robocop.*

Par sa façon nouvelle de relier des sagas familiales à des histoires universelles *(Star Wars, Terminator)*, d'en faire les matrices de la grande histoire collective ou du futur, grâce à ses emprunts à l'imaginaire enfantin (les Ewoks, les droïdes et la galaxie de brigands dans *Star Wars,* le personnage de E.T. chez Spielberg, la technologie futuriste des véhicules de *Blade Runner,* qui n'est pas loin du gadget), le cinéma des années quatre-vingt a réinitialisé la manière de transmettre les grands mythes et légendes. Le titanesque phénomène de société qu'est devenue la saga *Star Wars* s'explique aussi par le fait qu'elle réunit les dimensions héréditaires, chevaleresque et psychanalytique, de la famille telle qu'on la vit dans le monde occidental : c'est Homère, Shakespeare, Sophocle, Platon et Freud rassemblés. Le tout dans une sorte de disneysation pour adultes, avec des films transgénérationnels.

Païen, jeune et ludique : trois codes sources de la pop culture

Des films comme *Star Wars* et *Terminator* jouèrent sur un code qu'avaient déjà utilisé les créateurs de *Batman* et de *Superman* : le mystère de la naissance (du héros), l'inconnue des origines (du monde et de l'homme). Car tout a commencé « il y a bien longtemps » (selon le premier plan des opus de *Star Wars*).

Ces superproductions cinématographiques et païennes furent donc les premières sagas (peu ou prou) intersidérales aussi crédibles et vendeuses que les grands livres sacrés. Aux États-Unis, ce cinéma marqua ainsi une nouvelle conception de… la Conception, justement. C'est le lieutenant Kyle de John Connor – mêmes initiales que le Christ, remarquèrent illico les spectateurs – envoyé dans le passé afin de sauver Sarah, la mère de Connor, pour lui permettre de naître, et qui affronte Terminator, lequel tente de l'en empêcher. C'est Marty McFly arrangeant l'accouplement de ses parents dans l'Amérique de 1955 *(Retour vers le futur)*. C'est, dans *Blade Runner*, Roy Batty et ses frères et sœurs réplicants cherchant à mettre la main sur leur propre créateur. C'est l'immaculée conception d'Anakin Skywalker, qui demeure à ce jour un mystère non élucidé de la saga *Star Wars*. C'est Luke Skywalker qui tue son père biologique et préfère la philosophie de ses pères spirituels (Obi-Wan Kenobi puis Yoda), occasionnant la phrase la plus connue de tout le cinéma moderne : « Je suis ton père ! »

Si ce cinéma d'entertainment est pop, c'est parce qu'il possède ces dimensions païennes, jeunes et ludiques qui sont toutes les trois des codes sources de la pop culture.

Immaculée conception, héros musclés, guerre froide et testostérone : le cinéma des années Reagan

On en sourira toujours : ce cinéma païen, relecture des grands mythes ou des grands livres, est né sous le règne de l'ancien acteur hollywoodien Ronald Reagan, quarantième président des États-Unis pour deux mandats, d'un bout à l'autre de la décennie (1981-1989). Représentant très conservateur du camp républicain, « Ronnie » était aussi un ultralibéral, décidé, comme sa meilleure alliée Thatcher, à faire triompher ce capitalisme débridé théorisé par l'économiste américain Milton Friedman (*Capitalisme et liberté*, publié en 1962, missel de tous les fanas du « moins d'État ») et par l'école de Chicago. Dans le cinéma des années Reagan, l'anticommunisme le disputait au puritanisme, les films d'action et leur culture du corps parfait participant à la propagande d'État. Comme l'Amérique d'après-guerre, celle de l'époque refusait encore de panser les plaies de ses vétérans (du Vietnam), et ceux-ci étaient tout aussi livrés à eux-mêmes que ceux qui formèrent les gangs de bikers en 1947 (vétérans de guerre eux aussi).

Déstabilisée par la défaite au Vietnam et par une conquête de l'espace encore incertaine, cette Amérique s'en remit à ses valeurs pionnières. Le héros du cinéma de l'époque était un personnage hostile au monde urbain, un homme seul ou traumatisé, rejetant la modernité au profit de valeurs plus traditionnelles, telle la virilité, allergique à l'administration, persuadé que tout ce qui dépend de l'État fédéral (police, justice, hôpitaux) est corrompu par le communisme. Cette Amérique-là traversait une phase de rédemption, non sans rapport avec son éternel penchant pour le christianisme (qui est un pilier de l'État – God Bless America). Ses héros devaient avoir traversé une terrible phase de souffrances physiques et mentales, afin de mieux renaître et, ce qui ne tue pas rendant plus fort, de pouvoir exterminer les ennemis de la nation. Rambo puis Rocky en furent les archétypes, joués par le même Sylvester Stallone, incarnant l'Américain dur au mal, qui se recoud tout seul et terrasse ses adversaires comme ses propres démons, allant jusqu'à devenir un coach vieillissant dans le septième opus de *Rocky*, sorti en 2016 (soit pile quarante ans après sa toute première apparition). Rocky-Rambo symbolise un pays refermé sur son sentiment de supériorité. Dans ce contexte, le culte du corps musclé, bodybuildé, revalorisait la fierté masculine de tout un pays après le déclin des années Carter (la dégénérescence, selon les reaganiens d'alors).

Rocky le boxeur germa dans l'esprit de Sylvester Stallone sous la double influence de Rocky Marciano, italo-américain comme l'acteur, unique poids lourd de l'histoire à avoir terminé sa carrière invaincu, laquelle prit fin dans un accident d'avion en 1969, et de Chuck Wepner, seul boxeur battu par Muhammad Ali aux points, et non par K.-O. Symbole de l'intégration à l'américaine par le sport et doté d'une résilience hors du commun, Balboa fut le storytelling idéal pour la mythologie reaganienne d'un retour mondial à la force brute. Sylvester Stallone, Arnold Schwarzenegger, Chuck Norris et Bruce Lee remplaçaient John Wayne, Lee Marvin, Ernest Borgnine et autres héros de western. Ils contribuèrent à entériner l'hyperpuissance économico-culturelle américaine dans les secteurs de l'entertainment, laquelle industrie balançait tantôt du côté clair de la force (avec des films intelligents, pédagogiques, sociaux et divertissants), tantôt du côté obscur (avec des navets abêtissants, tirant à la ligne, appauvrissant la réflexion des spectateurs).

Ciné + vidéoclips + hip-hop = Blaxploitation

Face à ce storytelling un peu « blanc », un autre était en train de percer. Issue du mouvement des droits civiques des années cinquante et soixante, de la révolution hip-hop et du gangsta rap tout juste naissant à Los Angeles, la Blaxploitation (Black + exploitation) est née en réaction au cinéma de Hollywood, qui ne montrait les Afro-Américains qu'en serveurs, en esclaves, en victimes, en taulards ou en voyous. Les films de la Blaxploitation n'engageaient que des Noirs et ne s'adressaient qu'aux Noirs, entendant montrer la vie quotidienne des Afro-Américains, déjouant les poncifs dévalorisants. Ce genre naquit en 1971 avec *Sweet Sweetback's Baadasssss Song*, film revendiqué « 100 % noir », réalisé par Melvin Van Peebles, un polar dont l'intrigue se déroulait dans les années quarante, entre Los Angeles et Tijuana. Avec un budget de 150 000 dollars, le film en rapporta plus de 15 millions. Sa bande originale était interprétée par la formation Earth, Wind & Fire, soit un jazz funk qui montrait l'importance identificatoire de la musique dans les œuvres dites de Blaxploitation.

Laquelle donna naissance la même année à ce qui est sûrement la meilleure œuvre du genre, située cette fois sur la côte Est : *Shaft, les nuits rouges de Harlem*, produit par un grand studio, réalisé par un Noir, le photographe et journaliste Gordon Parks. *Shaft* (du nom du héros, détective noir à Harlem) fut porté par la légendaire musique originale d'Isaac Hayes, qui participa aussi au succès planétaire du film. Cette histoire de guerres des mafias (noires et blanches) connut deux suites, *Les Nouveaux Exploits de Shaft* (1972) et *Shaft contre les trafiquants d'hommes* (1973), une série télé (en 1973), et enfin un remake : *Shaft* (2000).

Quelque part entre la série B, le cinéma communautaire, l'ode à une population qui brisait lentement ses chaînes – de la Great Black Music aux romans de Chester Himes et de Donald Goines – cette veine cinématographique reprit le cri de James Brown : « Say it Loud (I'm Black and I'm Proud) ». La plupart des genres cinématographiques alors à la mode furent revisités par la Blaxploitation : polar *(Shaft),* western (*Boss Nigger,* de Jack Arnold), espionnage (*Cleopatra Jones,* de Jack Starrett), film d'horreur, d'arts martiaux, péplum, etc. Le racisme et la violence envers les Noirs étaient abordés frontalement. Dans les années quatre-vingt-dix, les thèmes chers à la Blaxploitation (inégalités sociales et économiques, prostitution, drogue, corruption, brutalité policière, etc.) se retrouvèrent dans la vague gangsta rap : les textes, les chansons et les clips de Snoop Dog et confrères sont ouvertement inspirés de ce mouvement cinématographique, qui revendiquait de son côté le rôle essentiel de la musique au cinéma. C'est ainsi que les grands musiciens noirs d'alors en composèrent les bandes originales : citons James Brown (pour *Black Caesar* en 1973, l'un des rarissimes films réalisés par un Blanc, Larry Cohen, réadaptation d'un polar de W. R. Burnett paru en 1931), Curtis Mayfield, Isaac Hayes, Marvin Gaye, Norman Whitfield, Edwin Starr, J. J. Johnson, Herbie Hancock et Barry White.

Après cette première vague dans les années soixante-dix, la Blaxploitation connut un creux, puis fut revigorée par l'explosion du hip-hop des côtes Est et Ouest. Pour les réalisateurs des années quatre-vingt, dont Spike Lee, la question de la représentation des Noirs n'était pas réglée, et il était hors de question de s'abaisser aux postures comiques d'un Eddie Murphy, clown au service d'une prétendue discrimination positive. Si la révolution hip-hop en fut une, c'est aussi parce que cette nouvelle génération força les portes de l'industrie cinématographique avec des productions indépendantes, qui connurent dans les années quatre-vingt et surtout quatre-vingt-dix un succès public, puis critique, croissant.

Dans *Nola Darling n'en fait qu'à sa tête* (1986), *School Daze* (1988) et *Do the Right Thing* (1988), le cinéaste mettait en scène des tranches de vie quotidienne tout en adoptant un point de vue radical (il a toujours revendiqué être favorable à l'instauration de quotas très élargis de discrimination positive, tombant parfois dans une caricature de complotisme blanc qui le dessert aujourd'hui). Pour *Do the Right Thing*, présenté en compétition au festival de Cannes, il avait lui-même commandé la musique du générique à un groupe qui commençait à faire parler les décibels, Public Enemy, et leur célèbre *Fight the Power*. Ce qui constituait une grande avant-première, puisque l'album dont il faisait partie, *Fear of a Black Planet*, le troisième et le meilleur de ce grand groupe, ne sortit qu'en 1990. Il succédait à *Yo ! Bum Rush the Show*, en 1987, et à *It Takes a Nation of Millions to Hold Us Back*, en 1988. Spike Lee et Chuck D (cofondateur du groupe, devenu depuis figure la plus importante du genre après Bambaataa et Grandmaster Flash) étaient sur une ligne artistique explicitement engagée, tout en refusant de passer pour les Malcolm X de la révolution hip-hop. Ils se posaient en agitateurs d'esprits, non en meneurs d'un mouvement.

En 1991, *Boyz N the Hood,* premier film de John Singleton, offrit carrément un rôle à Ice Cube, rappeur déjà reconnu : en 1984, le titre *Fuck Tha Police* lui valut une lettre du FBI, et son premier album, en 1990, portait un titre clair, *AmeriKKKa's Most Wanted*. Le film de Singleton, en grande partie autobiographique, montrait lui aussi la vie des jeunes de South Central, la partie sud du comté de Los Angeles (lequel est le plus peuplé du pays, avec 10 millions d'habitants, et qui connaissait un important taux de criminalité). Le quartier de Baldwin Hills-Crenshaw, où se situe l'action du film de Singleton, fut mis à feu et à sang lors des émeutes de 1992. Tout comme, à deux pas de là, le quartier de Watts, où fut tourné un autre film mêlant gangsta rap et Blaxploitation : *Menace II Society,* d'Albert et Allen Hugues, en 1993. Comme le rap de la côte Ouest, ces films étaient habités par une violence omniprésente.

L'une des grandes figures du cinéma de Blaxploitation devint une icône dans les années quatre-vingt-dix : Pam Grier, la Jackie Brown de Quentin Tarantino herself. En 1997, l'adaptation du roman du grand Elmore Leonard *Punch créole,* paru en 1992, se voulait aussi un hommage à ce cinéma dont le jeune réalisateur était connaisseur et féru (comme il l'est de tous les genres issus des pulps, nous l'avons déjà vu). La vague a aujourd'hui perdu de son intérêt, mais demeure un maillon important de la lutte contre les discriminations aux USA. Politiquement comme artistiquement, la Blaxploitation est donc partie intégrante de l'histoire de la pop culture.

Bérurier Noir, Mano Negra, Wampas, Pigalle : naissance d'un label France

La décennie quatre-vingt est bel et bien l'âge d'or de la pop culture. Si les sixties l'avaient vue exploser, c'est vingt ans après qu'elle devint une boule à facettes. En fin de décennie, le « rock alternatif » désignait l'équivalent français de la scène indé britannique (étudiée plus avant dans ce livre), américaine (The Beastie Boys, R.E.M., The Talking Heads, les Stray Cats, Sonic Youth, Mercury Rev, les Pixies, pour ne citer que la crème de la crème) ou australienne (Nick Cave & the Bad Seeds, The Vines) d'alors. Produite sur des labels indépendants (Bondage Records, Boucherie Productions), elle fut marquée par des groupes ancrés dans le paysage social et militant d'alors.

Les plus novateurs, les plus pluriels et les plus engagés restent les Bérurier Noir (le nom est une référence à l'adjoint du commissaire San Antonio dans les romans de Frédéric Dard). Proches de la scène punk parisienne comme des milieux libertaires, anarchistes ou autonomes, ils militaient pour des prix de places de concert accessibles au plus grand nombre… jusqu'à jouer illégalement dans des manifestations de chômeurs ou devant des salles. Lorsque la police intervenait, il arrivait que les jeunes spectateurs s'interposent entre les forces de l'ordre et le groupe, lui permettant de jouer (mais pas de chanter : les gaz lacrymogènes de la police les contraignaient à mettre des masques à gaz). Oscillant entre rock militant et esprit décalé (fidèle au nom qu'ils s'étaient choisi), ils commencèrent à gagner en notoriété (*L'Empereur Tomato Ketchup* fut un succès inattendu en 1986, y compris sur NRJ).

À la différence de tous les groupes de leur génération, les Béru n'avaient pas de batteur, une boîte à rythmes accompagnant la guitare saturée, qui sonnait comme une tronçonneuse, le saxo et la voix. Leurs concerts se firent surdimensionnés : ils pouvaient être quinze sur scène, musiciens, clowns, comédiens, graffeurs, changeant sans cesse de déguisement, dans des spectacles aux allures de cirque punk rock. Un véritable *Carnaval des agités* – selon le titre d'un de leurs morceaux. Actifs de 1981 à 1989, superposant l'activisme redskin et des courants musicaux comme le punk, le dub ou le reggae, ils devinrent les porte-voix d'une partie de la jeunesse, avec notamment leur hymne *Porcherie* : « Nous sommes noirs / Nous sommes blancs / Nous sommes jaunes / Et ensemble nous sommes de la dy-na-mi-te ! » ; « Jeunesse française / Jeunesse immigrée / So-li-da-ri-té ! » ; « La jeunesse emmerde le Front national ». La version française des Clash, avec une grande rasade d'*Orange mécanique*… Le carnaval punk rock, antifasciste et militant des Béru est, pour ceux qui comme moi l'ont connu, une kermesse inoubliable : plus jamais, depuis, n'a vu le jour un militantisme aussi engagé (l'action) et surréaliste (la fête, toujours).

Sur le devant de la scène de 1987 à 1994, avant que Manu Chao n'entame sa carrière solo, la Mano Negra doit beaucoup aux Béru, dans un esprit plus sud-américain mais avec la même âme plurielle, festive et militante. Tout aussi agités et engagés, Los Carayos, les Hot Pants, Les Garçons Bouchers, Pigalle, Parabellum, Nuclear Device, La Souris Déglinguée, Les Wampas, Ludwig von 88, les Happy Drivers ou Les Négresses Vertes (crée en 1987 par Helno, dissident des Béru) portèrent ce mouvement rock à bout de concerts. Certains musiciens appartenaient simultanément à deux groupes différents : François Hadji-Lazaro fut membre des Garçons Bouchers et de Pigalle. Il avait croisé, dans des formations précédentes, Manu Chao, Mano Solo, Didier Wampas.

Par son esprit festif (que l'on retrouvait à la même époque dans le hip-hop), par son côté rebelle à la Renaud, par sa subversion intrinsèque et, enfin, parce qu'il vient de la rue, le rock alternatif a sa place dans ce livre. Dans le milieu des années quatre-vingt, on pouvait aimer autant The Smiths que Public Enemy, les Bérurier Noir que Prince ou Madonna. Du rock engagé et de la pop music mainstream.

MICHAEL JACKSON, PRINCE : LE COMBAT DU SIÈCLE

L'un est le « King of Pop », l'autre fut surnommé le « Kid de Minneapolis » ou encore « Love Symbol ». Nés tous deux en 1958 (le 7 juin pour Prince, le 29 août pour Jackson), Michael Jackson et Prince forgèrent leur légende sur des fusions musicales, des slows et d'autres musiques sensuelles, provocantes ou sexuelles. Si le King s'est éteint le 25 juin 2009, et Prince le 21 avril 2016, ces génies ont conquis l'immortalité en élargissant considérablement l'envergure de la pop. Contemporains l'un de l'autre, également héritiers directs de la Great Black Music, icônes de la communauté afro-américaine devenues phares de la pop culture, ils ont souvent été opposés dans les médias et l'esprit du public. Une rivalité au sommet, ou deux visions du rêve américain.

Michael Jackson : saga familiale, figure unique

Septième d'une fratrie de neuf, Michael Jackson est un enfant de la balle : son père partait souvent en tournée avec son groupe de R'n'B, The Falcons, dans lequel il jouait de la guitare. Comme ses frères et sœurs, le jeune Michael fut initié de force à la musique. Mais il aimait chanter, et danser, notamment quand il s'agissait de reproduire les pas et les mimiques de James Brown. En 1964, Jackie, Toriano (dit Tito), Jermaine, Marlon et Michael Jackson formèrent The Jackson Five, confrérie musicale qui remporta de nombreux concours à New York, Philadelphie, Chicago, puis Détroit, où la famille s'installa en 1968. Repéré par Berry Gordy, qui y avait lancé la Motown, le groupe allait être l'un des plus populaires du label, jusqu'au début des années quatre-vingt, grâce à des hits comme *I Want You Back* (1969), *I'll Be There*, *ABC* (1970) ou *Dancing Machine* (1974), ou des albums comme *Destiny* (1978) et son tube *Blame It on the Boogie.* Devenu The Jackson en 1976, le groupe aura vendu plusieurs millions de disques, et lancé la carrière du jeune Michael, qui sortit son premier album solo en 1972, à treize ans : *Got to Be There.* Trois autres suivirent, avant qu'il ne quitte pour de bon la formation de ses frères, avec lesquels il continuait à tourner : *Ben* (1972), *Music and Me* (1973) et *Forever, Michael* (1975). Si la formation continua sans lui jusqu'en 1989, Michael avait déjà éclipsé les autres Jackson, notamment avec un jeu de corps et une puissance vocale parvenus à maturité.

En 1978, le jeune homme subit une rhinoplastie, première de ses nombreuses modifications physiques et plastiques ultérieures. C'est, avec son appartenance aux Témoins de Jéhovah jusqu'en 1987, une épaisse zone d'ombre du personnage, qui fut confronté à l'incompréhension (du public) et à l'isolement (de ses congénères).

L'année suivante, l'album *Off the Wall*, comportant des tubes comme *Don't Stop 'Til You Get Enough* ou la ballade *She's Out Of My Life*, devient numéro un de plusieurs classements musicaux. Le 1er décembre 1982 sort *Thriller*, album phénoménal au sommet des hit-parades pendant deux ans (dont trente-sept semaines numéro un du classement Billboard). Plusieurs tubes inoxydables posent le chanteur en roi de la pop : *Billie Jean, This Girl Is Mine, Beat It,* et bien sûr *Thriller*. Huit récompenses aux American Music Awards, huit aux Grammy Awards et, le 20 novembre 1984, une étoile sur le Hollywood Hall of Fame finissent d'en faire une superstar.

Totalement en phase avec son temps (la pop music virait vers la variété, mais restait encore un vivier d'innovations artistiques), l'album doit notamment son succès (40 millions d'exemplaires vendus de par le monde entre 1983 et 1996 ; on parle de plus de 60 millions à ce jour) aux clips illustrant ses tubes. On se rappelle celui du morceau *Thriller* : réalisé par le cinéaste John Landis (on lui doit *The Blues Brothers,* 1980), véritable court-métrage d'inspiration gothique, il met en scène un Jackson se transformant en mort-vivant, puis en loup-garou. Les deux hommes se retrouveront en 1991 pour le clip de *Black or White,* qui popularisa la technique du morphing (méthode qui consiste à passer progressivement d'une image à une autre de la façon la plus continue possible).

Entre-temps, le roi de la pop était devenu un univers à lui tout seul : une poupée à son effigie, des pubs (entre autres pour Pepsi), une attitude (son fameux moonwalk, exécuté pour la première fois le 16 mai 1983 sur scène, pour un concert hommage à la Motown). Une star mondiale, aussi, avec sa première tournée aux quatre coins de la planète, en 1987, pour *Bad*. En outre, l'artiste était à présent le compositeur principal de ses albums, ce qui n'avait pas été le cas jusqu'alors. Jackson était ivre de son génie, de sa popularité, et conscient d'élargir et de renouveler le répertoire artistique de la pop music à chaque album, et à chaque clip : *Dangerous* (1991), *HIStory – Past, Present, and Future – Book 1* (1995), *Invincible* (2001).

Déclaré « homme de spectacle le plus populaire de tous les temps » par le *Guinness des records*, il s'isola dans son antre en Californie, un ranch de 1 400 hectares acquis en 1988. L'endroit fut rebaptisé Neverland, en référence au pays imaginaire de *Peter Pan*, où les enfants ne grandissent jamais, à l'image de son propriétaire, qu'on surnommait Bambi, lui qui avait été privé d'enfance. Car telle est bien l'image que le chanteur cultivait, revendiquant ne plus participer au monde des adultes. L'artiste s'était pourtant longtemps engagé : en 1985 par exemple, il avait composé et coécrit, avec Lionel Richie, le morceau *We Are the World*, afin de collecter des fonds pour lutter contre la famine en Éthiopie.

Jusqu'à sa mort, le 25 juin 2009 (à la suite d'une ingestion de médicaments, et l'enquête prouva qu'il ne s'agissait pas d'un suicide mais d'une erreur médicale), il fut régulièrement pointé du doigt pour ses modifications physiques incessantes (il avoua en 1993 se faire blanchir la peau) tout comme pour la mauvaise gestion de ses affaires et son train de vie dispendieux.

Et en 2005 s'ouvrit son procès pour abus sexuel sur mineur.

Les dix dernières années de sa vie, il n'apparaissait plus que rarement en public, et toujours dissimulé derrière des masques ou des foulards. Il demeurera une voix unique, une identité sonore mêlant soul, funk, rock et R'n'B, un danseur et un performeur qui a changé le décorum culturel. Mais il ne s'appartenait pas. Jackson était autant Bambi que Frankenstein.

Prince : artiste total

C'est exactement l'inverse pour Prince Rogers Nelson, dit Prince. Contrairement au King of Pop, il a toujours su garder le contrôle, demeurant très discret sur sa vie personnelle.

Natif de Minneapolis (Minnesota), il baigna lui aussi très jeune dans un environnement musical : son père, d'origine italienne, était pianiste dans un trio de jazz (le Prince Rogers Trio, qui a donc inspiré le prénom de son fils), et sa mère, Afro-Américaine aux origines amérindiennes et européennes, était chanteuse de jazz. Dès l'enfance, le garçon jouait du piano, de la guitare et des claviers. Il monta sa première formation en 1973 : Grand Central, qui prit plus tard le nom de Champagne.

Repéré par le boss d'un studio de Minneapolis, Chris Moon, il travailla sur des spots publicitaires en échange de sessions studio à l'œil. Jusqu'en 1978, Prince composa, sans relâche, puis quitta sa formation. Le Kid de Minneapolis avait grandi avec la Motown et dansé au rythme des tubes des Jackson Five dès la fin des années soixante, pour ensuite repousser les frontières des genres : sa maîtrise de plusieurs instruments et son flair exceptionnel pour le groove lui firent mêler rhythm'n'blues, soul et funk.

Prince était plus moderne que Michael Jackson. Sa carrière fut peut-être plus laborieuse, mais ô combien plus profonde : il écrivit seul la quasi-totalité de son premier album en 1978, *For You*, où il joue lui-même de... vingt-sept instruments. Car l'arrangement de l'artiste (et de son agent Owen Husney) avec sa nouvelle maison de disques, la Warner Bros, était inédit : 180 000 dollars d'avance pour trois albums, et surtout la liberté d'être son propre producteur, auteur, compositeur et interprète.

Son second album, tout simplement intitulé *Prince* (1979), marquait l'arrivée d'influences rock, et se vendit à 1 million d'exemplaires. Dans le disque suivant, *Dirty Mind* (1980), le sexe et les fantasmes sont explicites : le titre *Head* détaille les échanges bucco-génitaux avec une jeune mariée, *Sister* chante l'inceste, et la pochette montre un Prince en slip noir. Dans des tournées de plus en plus triomphales, mais qui choquèrent les puritains, l'artiste se produisait parfois sur scène en porte-jarretelles. Adepte des jeux de mots, des doubles sens et des provocations, dans son écriture comme dans son jeu en live, ses postures et sa musique faisaient monter de quelques degrés toutes les températures.

Sorti en 1982, *1999* était lui aussi un album aux mélopées funky et érotisantes. 1984 fut l'année pourpre, avec le double phénomène *Purple Rain*. D'une part un long-métrage musical, sorti aux États-Unis le 27 juillet, réalisé par Albert Magnoli et produit par les managers de la star, retraçait la vie du Kid – ce dernier y interpréta son propre rôle et fut très investi dans toutes les scènes du tournage. D'autre part, il composa la bande originale du film, dont des morceaux furent joués sur scène dès le 3 août 1983, à Minneapolis, lors d'un concert mythique où furent révélés *Let's Go Crazy*, *Electric Intercourse*, *Computer Blue*, *I Would Die 4 U*, *Baby I'm a Star* et *Purple Rain*. Pour cet album, Prince, qui enregistrait jusqu'alors lui-même toutes les pistes, instrument par instrument, et pour tous ses enregistrements, choisit de faire entrer en studio la dizaine de musiciens qui jusqu'ici ne l'accompagnaient qu'en tournée : *Purple Rain* et les deux albums suivants seraient « signés » Prince & The Revolution.

Avec *Purple Rain*, Prince rejoignit Michael Jackson au firmament des mégastars. En 1991, la Warner offrit à Prince 100 millions de dollars d'avance pour dix albums – le chanteur devant garantir des ventes supérieures à 5 millions d'exemplaires. Ultraprolifique, Prince alla au clash avec sa maison de disques... au bout de deux ans, car elle refusait de publier tout ce qu'il produisait (il faut signaler que les ventes des albums inédits s'érodaient, et ne garantissaient plus l'accord signé).

Après quatorze albums, Prince décida de repartir de zéro avec une nouvelle identité artistique, adoptant, en 1993, en guise de signature… un idéogramme. Il fut appelé « The Artist Formerly Known As Prince » (« L'artiste qui s'est fait connaître sous le nom de Prince ») dans les médias. Il sortit alors *The Love Symbol Album* alors que la Warner publiait au même moment une compilation malgré la désapprobation de son auteur.

Pour honorer son contrat, il édita des albums chez Warner jusqu'en 1996, sous le nom d'artiste « Love Symbol », en parallèle d'autres disques pour son propre label NPG Records. Il fêta la fin de sa collaboration avec la Warner avec le triple album *Emancipation* (1996). Trois ans plus tard, après quelques fours notoires, il reprit son nom de Prince, et préféra travailler avec différents labels, leur livrant des albums « clefs en main » sur lesquels ceux-ci n'avaient aucune possibilité de négociation. Le fait du prince…

Jusqu'en 2015, il fut l'auteur d'au moins un album (simple, double, ou même triple !) par an, parfois sorti dans l'indifférence tant le rythme était frénétique et la qualité inégale. Chacun d'entre eux était toujours plus mutant, variant entre funk, soul, dance, pop, rock et R'n'B. Son génie instrumental était doublé d'une obsession de la scène : ses concerts duraient des heures, et il n'était pas rare qu'il offre une seconde session à la suite de la première, avec des titres complètement différents, preuve de la richesse de son répertoire comme de sa conception vivante de l'art musical.

Le Kid fut précurseur aussi dans le rapport direct qu'il entretenait avec ses fans, utilisant dès 1993 les ventes par catalogue, téléphone, puis Internet (en 1999), et ensuite via des plateformes communautaires (MySpace) ou de téléchargement légal. Jusqu'en juillet 2014, où il décida de retirer ses titres de tous les sites de streaming, dont YouTube. Quelques mois plus tard, il sortait *HITnRUN* en exclusivité sur la plateforme de Jay Z, Tidal.

Retrouvé mort le 21 avril 2016 dans l'un des ascenseurs de sa résidence géante de Paisley Park, dans ce Minnesota qu'il ne quitta au fond jamais, il aurait, selon l'enquête, succombé à une overdose d'antidouleurs et d'opiacés. Le drame survenait trois mois à peine après la mort de David Bowie. Une série noire…

Plus que des hommes, Michael Jackson et Prince devinrent des cultes de leur vivant, ayant écrit leur destin en parallèle, en imposant le même concept d'une pop star androgyne, queer, presque surhumaine, en perpétuel mouvement dans les identités qu'elle compile. Tous deux fils de la Great Black Music et de la pop culture, ils sont aussi les plus grandes superstars de la culture contemporaine. Mais là où Jackson entretint son image sans réellement renouveler sa musique, Prince, lui, montra un génie instrumental et musical qui, pour nous, le place à jamais loin devant son rival.

1990-2000
L'ordinateur remplace la guitare, et la génération X apprend à vivre par-delà l'espoir

La décennie quatre-vingt fut celle des années paillettes et du tout-entertainment. Les années quatre-vingt-dix s'ouvrirent sur des promesses : le mur de Berlin était tombé, l'URSS apprenait le mot « glasnost » au reste du monde, Nelson Mandela était libéré après plus de vingt-sept ans d'emprisonnement, et l'apartheid était aboli en Afrique du Sud. Un nouveau monde, avec de nouveaux paradigmes à tester. En 1990 arrivait aussi le tout premier navigateur Web, appelé WorlWideWeb.

Mais la fatalité anéantit tous ces espoirs : la guerre civile en ex-Yougoslavie mit l'Europe à feu et à sang, la première guerre du Golfe en appela une seconde, dont on sait les conséquences. Au fond, cette décennie, à peine entamée, fut exclusivement envisagée comme une fin – on ne parla que « fin de siècle », « fin de millénaire » – comme si son ontologie était négative. Les années quatre-vingt-dix furent ce mélange troublant de tristesse et d'euphorie, d'errance et d'extase, dans l'attente de la chute ou de la rédemption. On retrouva cette ambivalence dans quelques phénomènes apparus au début de la décade, comme le grunge, la techno et les raves sous ecstasy.

Culture techno

Les musiques festives naissent souvent dans les périodes les plus noires et les plus indécises de nos sociétés (le hip-hop du New York en crise, par exemple). Ce fut le cas de la musique électro. Un assortiment de hippies, de travellers, de zonards, de punks à chien, mais aussi de jeunes clubbeurs hyper branchés, de DJ en herbe, de nouveaux animateurs musicaux, se retrouvèrent dans des rassemblements XXL, des free parties clandestines, des love parades puis des technoparades. La techno est une cousine du hip-hop, pour son art du collage, du mixage, et pour l'alliance d'une machine et d'un DJ, mais elle est aussi une petite sœur du rock psychédélique ou de la soul, pour sa transe et la défonce qui l'accompagne.

La techno est née en Allemagne (de l'Ouest), son pionnier, le groupe Kraftwerk, créa un son nouveau sans utiliser d'instruments classiques, leur préférant un moteur, par exemple. Sous l'influence des arts contemporains (comme Fluxus, mouvement postdadaïste ouest-allemand principalement actif à la fin des années cinquante), du psychédélisme anglo-saxon, de la musique industrielle née dans les années soixante-dix en Angleterre et en Allemagne (que les labels définissaient comme « une fusion abrasive et agressive de rock et de musique électronique ») et surtout du « krautrock » (rock expérimental allemand qui, bien qu'éphémère dans les années soixante, influença les musiciens postpunk, comme John « Rotten » Lydon), Kraftwerk ajouta une boîte à rythmes et un synthétiseur au son « indus ». En 1974, le groupe publia un voyage de vingt-deux minutes aussi gai qu'un trajet sur l'autoroute, judicieusement intitulée *Autobahn* : le morceau débute par le bruit d'une voiture qui démarre, et s'achève sur le murmure d'un moteur qui refroidit. Aujourd'hui encore, on se souvient de cet air aussi planant que cold wave, comme de celui, deux ans plus tard, de *Trans-Europe Express* et *Radio-Activity*. En 1981, le titre de leur morceau *Computer World* était à lui seul une revendication.

Si la techno ne vit pas le jour dans un pays anglo-saxon (à la différence d'une bonne partie des cultures musicales du xxe siècle), elle fut inventée dans une RFA sous joug américain. Et, au tournant des années soixante-dix et quatre-vingt, elle alla s'enrichir dans les home studios et les clubs de Chicago, où des DJ travaillèrent des séquences bien plus longues, expérimentales et… dansantes, que celles formatées pour l'industrie du disque. Ces derniers mêlèrent des samples électroniques de compteurs séquentiels avec des instruments « traditionnels » et des voix.

La house music envahissait les boîtes de nuit locales, tandis qu'à quatre cents kilomètres de là, dans la ville de Détroit, un son aux sonorités plus dures et plus sombres, dont la structure musicale plus répétitive abandonnait quasiment la voix, faisait son apparition : la techno, elle aussi dansante. En Angleterre, l'un des premiers grands mouvements de clubbing underground prit le nom de Northern Soul, une ébauche de ce que sera bientôt la culture rave : des jeunes de la working class dansaient, défoncés et nombreux, des nuits durant. Symbole musical de ce Nord ouvrier, Manchester demeurait, avec Londres et Berlin, la capitale européenne de la pop culture. Parallèlement aux labels indie pop se développait une scène électro de premier choix, avec des DJ comme Mike Pickering ou Ian Levine.

Sur Whitworth Street, à Manchester, le 11-13 constituait un pont entre les deux scènes. L'ancienne usine de textile victorienne, transformée en gigantesque hangar à bateaux, gardait la trace du passé d'une ville qui fut, avec Liverpool, l'épicentre de la révolution industrielle. Le lieu fut racheté en 1981 par le label postpunk Factory Records, qui en fit un club novateur des musiques pop et électro : The Haçienda. Dans une ville où toutes les boîtes pratiquaient alors une sélection impitoyable à leurs portes, celle-ci n'en fit aucune. L'endroit survécut un moment grâce aux royalties de New Order, qui était, avec les Happy Mondays, le plus connu des groupes qu'elle diffusait. Sa politique de bas tarifs la conduisit à la faillite, en 1997, date à laquelle elle fut réhabilitée en logements de luxe (soit le destin de tant et tant de lieux pop mythiques). Dans ce temple postindustriel entièrement voué à la transe musicale et aux concerts live, on put assister à des sets de Grandmaster Flash, Cocteau Twins, The Smiths, The Cramps ou encore d'une certaine Madonna.

L'Angleterre abandonnait alors la new wave pour la house music, et l'ecstasy remplaçait peu à peu l'alcool (mieux vaut en effet ne pas en boire quand on prend un acide : la descente est trop dure ; et pour danser des heures durant sur des rythmes électro, on gobe ou bien on sniffe, mais on picole peu).

Une scène avant tout européenne

Le phénomène électro ne tarda pas à franchir la Manche. Très vite, c'est dans des villes aussi variées que Paris, Gand, Vienne, Francfort, Cologne, Berlin ou Helsinki que DJ et musiciens trouvèrent un regain d'énergie et une inspiration nouvelle. Le Benelux fournit alors son lot d'artistes talentueux (Frank De Wulf, Jochem Paap, Sven Van Hees) puis, dans la seconde moitié de la décennie, la France vit émerger une génération de musiciens qui connurent bientôt une audience internationale : Daft Punk, David Guetta, Justice. C'était alors la vague des raves, ces rassemblements clandestins (heure et lieu étaient communiqués au dernier moment, au moyen de codes secrets identiques à ceux d'un rendez-vous de dealers) dans des friches transformées en boîtes de nuit gigantesques, avec force consommation de drogues en tout genre. Dans l'Hexagone, ces raves, « technivals » ou « free parties », finiront par être drastiquement contrôlées, et souvent interdites, à la fin de la décennie.

Début 1990, toujours en France, se créèrent des labels électro, comme Rave Age Records ou Fnac Music Dance Division. Côté médias, Radio Nova ou Radio FG (à Paris, donc) et le journaliste Didier Lestrade (cofondateur d'Act Up en 1989, et du mensuel *Têtu* en 1995), dans *Libération*, accompagnèrent l'essor de la « French touch ». En 1994, l'année du suicide de Kurt Cobain, qui signa l'arrêt de mort du mouvement grunge, Éric Morand, directeur artistique à l'origine du label Fnac Music Dance Division, proposa à l'un de ses artistes, Laurent Garnier, de se joindre à lui pour fonder un label. F Communications fit ainsi découvrir la nouvelle scène de l'électro française (Garnier lui-même, mais aussi St Germain, Scan X, Nova Nova), jusqu'à sa dissolution, en 2008.

On l'a vu : si l'une de ses racines se trouve en Amérique, c'est sur le continent européen que la musique électronique fut inventée, et qu'elle devint une culture, agrégeant musiciens, producteurs, clubbers et communautés de ravers. De Kraftwerk, il y a quarante, à Daft Punk, Laurent Garnier, Air et toute la French touch, de Manchester à Berlin en passant par Paris et même Ibiza, l'électro se démarqua au sein de la pop culture en prenant ses distances avec l'hégémonie anglo-saxonne dans le domaine. Jusqu'alors, les musiques et les groupes anglo-saxons avaient été, à de rares exceptions près, les seules à connaître une audience internationale. Et voici qu'émergeait du Vieux Continent une architecture musicale neuve, reposant sur des trouvailles similaires à celles, vingt ans plus tôt, des DJ de Harlem : un art du remix et de l'enchaînement. La techno est typiquement pop car elle reproduit des codes et des coutumes préexistants, qu'elle revivifie, définissant ainsi un nouvel art de la fête. Autre composante de l'ADN pop présente dans ce mouvement : il s'ouvrait sur les progrès récents, et prometteurs, en matière de technologie. Dans les années quatre-vingt-dix, cette musique de samples et de remix mariait guitares, boîtes à rythmes, séquenceurs et DJ. Dix ans plus tard, un ou deux ordinateurs et des logiciels suffiront à créer et diffuser des morceaux en direct (clubs, free parties, etc.). La musique électronique était devenue une musique numérique, et le MacBook ou le PC portable des instruments augmentés.

Le rap, entre fusion et effusions

Une part des groupes significatifs apparus dans les années quatre-vingt-dix furent le fruit de fusions : formé à Los Angeles en 1991, Rage Against the Machine fut le point de rencontre entre punk, rap et metal. Un alliage, donc, de trois expressions de la fureur en musique. Autre tendance révélatrice : des groupes mutaient. Formés en 1980, les Beastie Boys ont éclos sur la scène punk hardcore de New York, avant d'incorporer progressivement du rap dans leur musique et d'engager un DJ pour leurs concerts. Quand, en 1986, ils sortirent leur premier album studio (ils avaient déjà assuré quelques premières parties de Run-DMC et de… Madonna, lors de son « Virgin Tour », en 1985), *Licensed to Ill* trusta la première place des ventes d'albums de hip-hop aux USA (750 000 exemplaires écoulés en six semaines). Les Beastie Boys, groupe de Blancs, touchèrent le public noir en mélangeant rock et rap, au moment même où Public Enemy, groupe noir de la même ville, émouvait les Blancs avec son titre *Raising Hell*. Peu avant, Run-DMC avait repris le titre *Walk This Way,* d'Aerosmith, provoquant la colère des racistes à la peau claire. Ces trois figures du hip-hop des années quatre-vingt et quatre-vingt-dix étaient alors à la pointe de l'avant-garde.

Dans cette dernière décennie du millénaire, le hip-hop était parvenu à maturité, après une révolution parfaitement négociée des deux côtés de l'Atlantique : c'était le langage de la jeunesse, c'était (avec le grunge, on le verra) la bande-son d'un monde prenant des airs de village global. Du côté américain cependant, l'énergie (multigénérationnelle, multiculturelle) qui avait été mobilisée depuis trente ans pour combattre la ségrégation s'essoufflait. La lutte contre le régime d'apartheid en Afrique du Sud avait été la continuité du combat. Les mouvements activistes anti-apartheid américains furent si mobilisateurs (sit-in devant l'ambassade, mobilisation des campus, fin des investissements en direction d'Afrique du Sud de villes comme New York, Boston, Washington, etc.) que le combat antiraciste se développa à l'échelle nationale, soutenu par l'industrie du show-business, les artistes de variété et… les groupes de rap.

À sa libération, en 1990, Nelson Mandela rendit hommage aux combattants civiques américains. La fin de l'apartheid fut l'une des dernières grandes victoires de la lutte contre la ségrégation, avant le chant du cygne que constitua la grande marche dite de « Un million » d'Afro-Américains, la Million Man March, le 16 octobre 1995 à Washington. Cornaquée par la Nation of Islam dirigée par Louis Farrakhan, cette marche était destinée à asseoir le leadership de ce dernier dans les mouvements antiracistes : 1 million de personnes répondirent à l'appel, soit le plus grand rassemblement depuis la marche de 1963, dans la même ville. Mais la présence d'homosexuels fut à peine tolérée, et celle des femmes carrément rejetée, marquant la raideur réactionnaire de Farrakhan, qui déclara que son but était de montrer « des hommes noirs dignes », et non « des agneaux sacrificiels des Blancs ».

Quand le gangsta rap provoque la déségrégation raciale

Trois ans avant la Million Man March, le jury de Simi Valley (Californie) avait acquitté quatre officiers de police accusés d'avoir passé à tabac, l'année précédente, un automobiliste noir nommé Rodney King. Le 29 avril 1992, la décision du jury, constitué de dix Blancs, un Asiatique et un Latino, mit le feu à Los Angeles : après six jours d'émeutes, le bilan s'éleva à 55 morts et 2 300 blessés. La police s'était montrée dépassée, et les gangs en avaient profité pour régler leurs comptes. La conséquence fut un tour de vis supplémentaire à coups de lois contre les jeunes délinquants. Les rappeurs, témoins de cette surenchère de violence, la retranscrivirent dans leurs textes. Le contexte avait nettement changé. D'autant que, sur la côte Ouest, le gansta rap avait phagocyté la scène hip-hop. La Californie était en pleine descente.

Jusqu'en 1978, trois décennies d'investissements publics avaient fait de l'État un modèle en termes d'accessibilité et de qualité des systèmes d'éducation primaire, secondaire et supérieure. Mais priorité était désormais faite au développement de la Silicon Valley : il fallait donner envie aux entreprises du secteur des hautes technologies de s'installer en Californie. Cette année-là, les électeurs votèrent la « proposition 13 », qui plafonnait les impôts fonciers, altérant spectaculairement le financement de l'État. Rapidement, le budget scolaire dégringola, les études supérieures devinrent inaccessibles aux populations les plus pauvres. La génération du baby-boom retirait l'échelle sociale à ses propres enfants, dont beaucoup, dans les années quatre-vingt-dix, traînaient dans les quartiers de South Central, non loin de Beverly Hills, Hollywood, au cœur même de l'industrie culturelle, celle du rêve qui ne leur était plus permis. Près de 50 % des jeunes étaient au chômage (contre 11 % dix ans avant). À L.A., comme à New York ou Miami, le crack était omniprésent, dans un pays où la possession d'armes à feu est banalisée. Le cocktail crack + armes + bavures policières régulières à l'encontre d'une génération sacrifiée d'Afro-Américains donna du grain à moudre au hip-hop de la côte Ouest.

Ce rap-là fut vite baptisé gangsta rap : en effet, nombre de rappeurs étaient issus ou proches des gangs, et décrivaient le quotidien d'une jeunesse abandonnée, entre drogue, proxénétisme, flingues et haine des flics. Portés par le succès du film *Boyz N the Hood*, dont l'intrigue se déroulait dans leurs quartiers, Ice Cube, Ice T, Snoop Dog et autres Tupac voulurent montrer à toute la côte Est ce qu'était leur rap à eux : violent, parfois à l'extrême. Ce fut le début d'une guéguerre entre les deux côtes américaines. Mettant à profit le vidéoclip florissant, le rap West Coast vantait la mégalomanie, le bling-bling, le machisme, les chaînes en or, les limousines, la marijuana et les bombasses. Tout ce que les droits civiques ne leur avaient pas permis, les Afro-Américains le conquéraient par eux-mêmes, à commencer par une visibilité triomphante, grâce au fric, qui était l'apanage des puissants (c'est-à-dire les Blancs). Ce rap-là jouait le jeu du capitalisme, mais il était subversif en ce qu'il retournait les armes du pouvoir contre ses représentants. Ces rappeurs partageaient alors les bacs avec Public Enemy, plus militant, A Tribe Called Quest, De La Soul, dotés d'une conscience afro-américaine plus posée, les Beastie Boys, à l'architecture sonore plus punk, ou le Wu-Tang Clan.

Le hip-hop était devenu un langage clairement universel, représentatif de ce qu'était devenue la culture pop : esprit rebelle d'un côté, fric et paillettes de l'autre. « C'était un de ces rares moments dans l'histoire de la pop music où la confusion des majors laissait la porte ouverte à n'importe quel visionnaire prêt à venir faire quelque chose de radical », écrit Jeff Chang dans l'indispensable ouvrage de référence intitulé *Can't Stop Won't Stop – Une histoire de la génération hip-hop*. Fédérant la jeunesse autour d'une langue, d'une attitude et de revendications communes, le hip-hop était devenu une poule aux œufs d'or.

Quand le hip-hop provoque une nouvelle chasse aux sorcières

Désormais industrie florissante, le hip-hop suscita l'intérêt des politiciens. Le heavy metal, genre satanique s'il en est, s'était déjà attiré les foudres du tout frais Parents Music Resource Center (PMRC). Ce lobby, créé en 1985 par quatre épouses d'hommes politiques, parmi lesquelles Tipper Gore, femme du sénateur du Tennessee et futur vice-président Al Gore, est célèbre pour avoir imposé le bandeau « Parental Advisory – Explicit Lyrics » sur des disques supposés dangereux : la mention était apposée sur toute œuvre faisant l'apologie du sexe, du sang, du satanisme, de l'alcool ou de la drogue. Vade retro Judas Priest, Van Halen, Pink Floyd, Alice Cooper ou David Lee Roth, avec leurs odes à Satan. Vade retro Madonna, Prince ou Cindy Lauper, avec leurs éloges de la masturbation.

Dans les années quatre-vingt-dix, c'est contre les rappeurs que se concentrèrent les tirs de la PMRC, dont les membres eurent l'intelligence tactique de ne pas se focaliser d'emblée sur la violence anti-flics (ç'eut été attiser le feu). Ils s'en prirent au terme « négro » (« nigga ») que les Noirs utilisaient eux-mêmes dans leurs textes. Si Angela Davis, entre autres, prohibait l'usage de ce terme, raciste, les jeunes Noirs se l'étaient approprié pour en faire un identifiant communautaire. Montant au créneau contre l'imagerie violente et bling-bling du rap d'alors, un groupe de chrétiens fondamentalistes fit pression sur George Bush Sr. (ancien vice-président de Reagan, il fut président de 1989 à 1993) pour interdire les albums des chanteurs incriminés. L'un d'eux, l'avocat floridien Jack Thompson, partit en croisade contre l'album *As Nasty As They Wanna Be,* de 2 Live Crew, qu'il parvint à censurer dans le comté de Broward (Floride) ou dans l'Ontario (Canada). Ces réseaux et lobbies s'échauffaient à propos d'une supposée « guerre civile qui était en train de se dérouler sur le plan culturel ». On accusa les majors de privilégier l'appât du gain plutôt que de prêter attention au contenu des albums retirés de la vente (*Live and Let Die,* de Kool G Rap et DJ Polo, notamment), on vira des employés de magasins coincés en train de vendre aux mineurs des disques où figurait le bandeau « Parental Advisory ». Cette chasse aux sorcières rappelait les grandes heures du maccarthysme ou de la Comics Code Authority. Une maison de production comme Time Warner plia, et lâcha quelques-uns de ses rappeurs – comme Ice T. Cette croisade puritaine typiquement américaine faisait les choux gras des Républicains. Durant ses deux campagnes, de 1991 et 1996, le candidat puis président Bill Clinton prit toujours fait et cause pour… les ennemis du rap. L'indifférence du clan Clinton face aux revendications de la jeunesse américaine explique en partie le soutien de jeunes militants démocrates au (vieux) sénateur Bernie Sanders, lors de la primaire démocrate de 2016, remportée par Hillary Clinton. Laquelle perdit l'élection présidentielle du 8 novembre, entre autres à cause de l'abstention (des jeunes).

Génération X :
changer le monde sans prendre le pouvoir

Avoir vingt ans dans les années quatre-vingt-dix, c'était balancer perpétuellement entre l'euphorie et la peur. Si le hip-hop, la house puis la techno firent danser les foules que les pilules envoyaient planer sur orbite, pour la première fois depuis l'après-guerre, la population mondiale n'augmentait plus, la finance gouvernait le monde et les guerres avaient tendance à se globaliser. Cette ambivalence fut symbolisée par une lettre majuscule : X. Non pas celui du porno, mais celui de l'indéfini, de l'impersonnel. La « génération X » fut désignée ainsi pour la première fois par les historiens américains William Strauss et Neil Howe, en 1991, dans leur ouvrage *Generations : The History of America's Future, 1584 to 2069*, puis reprise dans le (plus connu) roman du Canadien Douglas Coupland, *Generation X*. Cette dernière comprend celles et ceux qui sont nés entre 1966 et 1981. Elle venait après celle des baby-boomers, qui profitèrent des Trente Glorieuses, du plein-emploi, et furent les acteurs ou témoins de la première révolution pop, et précédait celle des « digital natives », rebaptisée depuis « génération Y », connectée dès la naissance.

Cette génération X (dont je fais partie) était adulte à la fin de la guerre froide, et assista à la chute du mur de Berlin, le 9 novembre 1989, à la libération de Nelson Mandela, le 11 février 1990, à la fin des régimes communistes d'Europe de l'Est tout comme à celle du capitalisme keynésien – remplacé par l'ultralibéralisme, où les actionnaires règnent en maîtres, et où les bulles spéculatives font la pluie et le beau temps sur le marché du travail. Les jeunes des années quatre-vingt-dix comprirent, dès leur arrivée sur le marché de l'emploi, que leur vie active sera précaire, qu'ils connaîtront souvent le chômage, et que de retraite, ils n'en auront pas. En France, le Parti socialiste n'était déjà plus de gauche, et le président Mitterrand entérinait un Traité de Maastricht qui enterrait l'Europe des peuples au profit de celle des marchés. Ce fut une génération à jamais perdue pour la politique politicienne, quand la suivante, qui votera pour des émissions de téléréalité avec son smartphone mais ne se déplacera pas aux urnes, sera à jamais perdue pour la politique tout court. La génération X, témoin de la révolte des banlieues, apprit la lutte du côté des « sans » (sans-papiers, sans-toit, sans-travail). Elle comprit dès 1995 que les fascismes et les nationalismes perduraient en Europe. Loin de l'image de postados dépressifs que les générations précédentes se forgèrent de cette jeunesse fan de rap, de grunge et de techno, elle défendit une philosophie du « penser global, agir local », et sut adapter ses modes de vie et de militantisme. Avoir vingt ans dans les années quatre-vingt-dix, c'est aussi avoir perdu des amis morts du sida.

Cette génération, que les hommes politiques d'aujourd'hui n'osent pas regarder en face, car elle est la mémoire de leurs trahisons, est socialement et politiquement autodidacte, pour le meilleur et pour le pire. Elle milita contre l'ultralibéralisme, contre le Front national et ses frères européens ; elle embrassa les combats du sous-commandant Marcos au Chiapas, d'Yitzhak Rabin à Jérusalem, de Yasser Arafat à Ramallah ; elle pleura Sarajevo, Belgrade, Srebrenica. Elle chanta *Motivés* avec les Toulousains de Zebda, qui réapprirent à beaucoup le sens du *Chant des partisans*, elle pensa Ras l'Front, Scalp-Reflex (les deux mouvements antifascistes de l'époque), elle se regroupa dans Attac et divers mouvements altermondialistes. Finie la politique des élus, bonjour la citoyenneté responsable

(« citoyen » était le mot à la mode à la fin de la décennie) et le militantisme ancré dans le réel. Cette génération-là voulait changer le monde sans prendre le pouvoir.

Grunge power

Le grunge, premier phénomène rock et pop de la décennie quatre-vingt-dix, et dernier mouvement d'importance du genre, sonna comme la fusion du punk hardcore et du heavy metal. Révélé en 1989 avec *Bleach,* le premier album de Nirvana, il fut porté par d'autres groupes mythiques, comme Pearl Jam, Soundgarden, Alice in Chains, soient quatre formations nées à Seattle, dans l'État de Washington, côte nord-ouest des États-Unis. Une musique qu'on dut aussi à un label indé, Sub Pop, établi dans la même ville, qui produisit, en 1991, *Nevermind,* deuxième album de Nirvana, et *Ten,* le premier des Pearl Jam.

Ces guitares saturées, ces voix éraillées, ces changements de nuances réguliers, ces riffs de révolte et de gueules de bois allaient être la bande-son des années 1989 à 1994. Les musiciens grunge, enfants du punk, créèrent leur propre décorum, qui se voulait, à l'inverse de celui de leurs figures tutélaires, minimaliste. Comme pour s'opposer au bling-bling du gangsta rap, ils refusèrent l'ostentatoire et arborèrent chemise à carreaux bûcheron portée large sur le jean (lequel était élimé et troué), pull déformé, Converse usagées et mèches tombant sur le visage. Ils surjouaient (jusqu'à la caricature parfois) le style cradoc, cheveux gras et mi-longs. Et ce qui était une anti-mode devint, comme souvent, une mode. La scène grunge accueillit des groupes féminins comme Bikini Kill, Hole, L7, Babes in Toyland, qui adoptaient le look de leurs homologues masculins, à l'exception notable des Bikini Kill (dont la batteuse, Tobi Vail, était l'ex de Cobain, avant que celui-ci ne rencontre Courtney Love), lesquelles portaient sous leurs tee-shirts usés des jupettes un brin girly. Les Bikini Kill furent si singulières que l'on inventa pour elles le terme de Riot Grrrl, sous lequel on rangea la plupart des groupes de punkettes grunge d'alors (Huggy Bear, Bratmobile, Team Dresch, Sleater-Kinney).

Cette musique fut bien plus qu'un mouvement de jeunes et qu'un air du temps : c'était toute l'âme d'une génération, l'harmonique d'une fin de millénaire. Vingt ans après la mort de Jim Morrison, la gueule d'ange mystique et mythique du rock psyché, un autre ange allait incarner cet harmonique : Kurt Cobain.

Comme le chanteur des Doors, celui de Nirvana trouva la mort à vingt-sept ans, le 8 avril 1994 : il avait plus de 1 milligramme d'héroïne par litre de sang quand il se suicida par balle. Il avait déjà fait une overdose deux semaines auparavant. Placé en cure à Los Angeles, il avait escaladé le mur de la clinique et réussi à reprendre l'avion pour Seattle. Sa propre femme, Courtney Love, l'avait alors fait suivre par un détective, lequel avait perdu sa trace. Il fallut enquêtes et contre-enquêtes pour conclure au suicide, car la dépendance à l'héroïne de Cobain comme de son épouse (membre du groupe Hole) alimenta tous les fantasmes et les rumeurs de complot. D'ailleurs, aujourd'hui encore, comme pour Elvis, des allumés déclarent régulièrement avoir vu Cobain vivant… N'empêche, ce 8 avril 1994, six mois après la sortie de l'album *In Utero,* qui demeure l'une des plus belles pièces de l'histoire du rock, la mort de Cobain rendit aphone cette génération X. Pour beaucoup, dont je fais partie, le millénaire s'acheva là.

Cette fin de siècle marqua ainsi le début d'une sorte de rétromania, recyclant obstinément son passé immédiat (se rendra-t-on compte dès les années deux mille). Le grunge et ses icônes devinrent des artefacts récupérés par des mannequins ou des comédiennes se voulant plus rebelles que nature – Winona Ryder, Hilary Swank, Juliette Lewis, Chloë Sevigny – qui mixaient cuir, jean et fripes… Courtney Love, gérant l'héritage de Kurt, tout en élevant leur fille, Frances Bean (née en 1992), entre deux cures, retomba en odeur de sainteté à la fin des années deux mille, influençant le styliste italien Riccardo Tisci pour Givenchy, jouant même deux chansons pour lui lors d'une soirée privée, après un défilé à Paris, en octobre 2010. Elle est aujourd'hui devenue l'idole d'une nouvelle génération de blogueuses et DJettes américaines.

De la Britpop à l'enfumage blairiste de la Cool Britannia

Au moment où le grunge devenait l'incarnation musicale d'une génération, l'indie pop anglaise des années quatre-vingt fit elle aussi du bruit. Morrissey (ex-Smiths) et Paul Weller (ex-Jam) poursuivaient leur carrière solo avec succès. Autour d'eux se positionna la nouvelle vague anglaise : Blur, Oasis, The La's, My Bloody Valentine, les Inspiral Carpets, Pulp, The Auteurs, Suede, Neil Hannon (plus connu sous le nom The Divine Comedy), Radiohead. Ces derniers produisirent une musique exigeante, une pop plus dure, plus rock donc, influencée ici par une touche mod (Blur), là par l'électro (Pulp), là encore par le hip-hop.

En France, cette vague coïncida avec la mensualisation du trimestriel *Les Inrockuptibles* – ouvroir d'écriture, de reportage rock, de découvertes – en 1992 (il devint hebdo en 1995). L'esprit indé fondit comme une lame de fond sur le champ culturel, à l'instar de la Nouvelle Vague pour le cinéma, trente ans plus tôt. Le hip-hop cristallisait, on l'a vu, une révolte universelle. Et le grunge, une attitude. *Les Inrocks* captèrent l'ensemble de ces signaux. En 1994-1995, après *Modern Life Is Rubbish,* de Blur, après *Definitely Maybe,* d'Oasis, après *Suede* par... Suede, *I Should Coco,* de Supergrass, la presse et l'industrie du disque baptisèrent ce son « Britpop ». Les éditeurs du dictionnaire anglais d'Oxford *(Oxford English Dictionary)* déclarèrent que le mot « représentait le mieux l'année musicale de 1995 », et le firent entrer au répertoire de l'ouvrage de référence.

Rapidement, Oasis et Blur trustèrent le haut des charts, et s'imposèrent en porte-drapeaux d'une vague musicale qui, de mode et de manie, devint une mégalomanie, puis une industrie. Le marché ayant horreur du vide, en l'espace de deux ou trois années, tous ces groupes, à l'exception peut-être de Pulp, se mirent à l'unisson et transformèrent en fade uniformité ce qui était un pur vivier. Alors que le royaume avait brillamment transformé l'essai de la période indie pop et que la Britpop semblait capable de rivaliser avec le grunge, celle-ci fut sacrifiée sur l'autel de la rentabilité. Blur et Oasis, mais aussi leurs labels respectifs, se disputaient les rôles de précurseur et de leader.

Ce concours digne d'une cour d'école trouva son apogée épique la même semaine, celle du 14 août 1995 : les deux groupes les plus importants au Royaume-Uni sortirent un single au même moment, de façon à voir qui en vendra le plus et le plus vite. Selon les comptes de la presse spécialisée outre-Manche, *Country House* de Blur se vendit à 274 000 exemplaires, contre 216 000 pour *Roll With It* d'Oasis. La rivalité était encouragée par les tabloïds, et par la personnalité tapageuse des frères Noel et Liam Gallagher (Oasis) d'un côté, de Damon Albarn et Alex James (Blur) de l'autre. Cette « bataille de la Britpop » (on l'appela ainsi…) rejouait en fait une lutte un tantinet désuète, mais tout de même plus profonde qu'un concours médiatique : celle des pauvres du Nord industriel, représentés par les Gallagher, issus de la classe ouvrière de la banlieue de Manchester, contre les classes aisées du Sud, avec les deux garçons de Blur, enfants des classes moyennes londoniennes.

Une armée de groupes au rock énergique, énervé, brut mais étudié (on dirait noisy, pour marquer la nuance avec le punk), virent le jour, dont les Boo Radleys, Ash, Belle and Sebastian, Manic Street Preachers, Echobelly et les Cranberries (le plus connu avec Blur et Oasis). Ça sonnait si bien que ça allait devenir une étiquette, et finir par être récupéré. Alors que le pouvoir de l'époque s'était braqué contre la Beatlemania, Tony Blair, lui, sut utiliser l'engouement autour des groupes de pop rock pour se rallier la jeunesse, et vanter le bien-fondé de sa politique. Candidat du parti travailliste élu au poste de Premier ministre en 1997 (il le restera jusqu'en 2005), Blair ne fit que poursuivre la politique ultralibérale initiée par Thatcher, mais avec un mélange d'humanisme (toujours ça de pris…) et d'enfumage ultrabright (comme le sourire du bonhomme devant les caméras). Tout comme le ministre de Lionel Jospin Dominique Strauss-Kahn, en France, et le chancelier allemand Schröder, bien avant Hollande et surtout Macron (qui n'est jamais que le fils spirituel de Blair et du Medef), Tony Blair rejeta les étiquettes de gauche et de socialiste au profit d'une école de pensée née elle aussi avec la société de consommation : la social-démocratie, devenue aujourd'hui social-libéralisme.

Il profita d'un storytelling que ne connut aucun des autres gouvernants sociaux-démocrates occidentaux après lui (ni Clinton, ni Jospin, ni Schröder, ni Zapatero, ni Hollande) : la fameuse Cool Britannia, île heureuse, glamour, jeune et dansante, où l'économie égayait les cœurs en remplissant les poches. Ce slogan-concept allait lui permettre de « vendre » son pays comme une véritable marque. L'expression était extraite de *Rule Britannia*, une chanson écrite au XVIIIe siècle pour célébrer le pouvoir impérial britannique, toujours encensé de nos jours, en particulier chez les conservateurs. Détournée en 1967 par le groupe pop Bonzo Dog Doo-Dah Band, la ritournelle devint un morceau typique des Swinging Sixties. Le terme refit surface en 1996, quand le glacier Ben & Jerry's sortit une saveur qu'il baptisa ainsi. Le magazine américain *Newsweek*, au fait des sensations du moment, l'utilisa pour décrire cette Angleterre économiquement prospère, avec en son cœur une City qui devenait la place centrale de la globalisation financière.

Alors, dès sa campagne électorale, et plus encore durant son passage au 10 Downing Street, Tony Blair tenta de recruter artistes, musiciens et designers, afin de l'épauler dans son entreprise de marketing. L'image la plus emblématique reste cette scène de juillet 1997 où le Premier ministre et Noel Gallagher trinquent au champagne, lors d'une soirée à Downing Street. Pendant un moment, tout le monde semblait souhaiter faire partie de ce cercle, qui rappelait à sa façon l'entourage des Kennedy dans l'Amérique des années soixante. Blair bénéficiait d'une frénésie qui rappelait celle de la Beatlemania : les ultralibéraux n'étaient pas des salauds puisqu'ils aimaient le rock. Certes, l'Angleterre est cool, mais Londres, l'une des villes les plus chères du monde, et qui ségrègue elle aussi ses classes populaires.

L'engouement autour de la Cool Britannia s'estompa au bout de deux ans, même si le chef du gouvernement s'en enorgueillit durant ses huit années de mandat, lesquels furent surtout marqués par son soutien aveugle aux guerres décidées par le président américain George W. Bush.

La réponse de Bristol : le trip hop

Temps des fusions (musicales), cette décennie fut une pépinière d'inventions musicales. Bristol, huitième ville du pays, 450 000 habitats environ, plus de 400 parcs et jardins, fut le berceau d'une architecture sonore tout à la fois robotique et fondamentalement humaine : le trip hop (contraction abâtardie d'« abstract hip-hop ») est le fils expérimental de l'acid house, du hip-hop et des breakbeats, mais dans un mélange où viennent aussi se greffer des influences diverses (jazz, soul, rock, dub). Survenu peu ou prou au même moment que la Britpop, le trip hop est plus planant, et surtout plus éclectique. Massive Attack, Portishead, Tricky, Morcheeba en sont ses plus illustres représentants.

C'est donc à Bristol que, à la fin des années quatre-vingt, trois jeunes DJ hip-hop se firent remarquer dans un sound-system local : Robert Del Naja (3 D), Grant Marshall (Daddy G) et Andrew Vowles (Mushroom). Un manager, Cameron McVey, les convainquit d'enregistrer quelques morceaux : ce sera l'album *Blue Lines* (1991), melting-pot posant les bases du fameux trip hop, de son architecture sonore, avec des boucles de beats marquantes et une atmosphère ambiante vraiment planante. Le trio choisit Massive Attack pour nom de scène, en référence à la première guerre du Golfe et ses bombardements, qu'on qualifia de « massifs ». La chanteuse Shara Nelson y prêtait sa voix, de même que le Jamaïcain Horace Andy. Un jeune inconnu nommé Trick grossit également leurs rangs (il fera deux albums avec le groupe avant une carrière solo). Trois ans après, l'album *Protection* (contenant le célébrissime *Karmacoma*) marquait déjà un virage : plus dur, d'une maîtrise et d'un niveau encore supérieurs, il fut enregistré avec d'autres « invités » du trio, notamment pour les voix. En 1998, le troisième album, *Mezzanine*, confirmait l'éclectisme du groupe, que des guests aussi différents que Liza Fraser, Madonna, Trick ou Damon Albarn incrémenteront sur chacun de leurs albums suivants (le dernier en date, *Heligoland*, est sorti en 2010). Écouter (au casque) ou voir (en concert) le morceau *Angel* est une expérience inoubliable. Aucun groupe ne peut, comme Massive Attack, offrir de tels riffs de guitare après avoir chanté un morceau de dub électro. Chacun de leurs albums revêt des sonorités différentes, tout en conservant clairement une identité sonore qui n'appartient qu'à eux. On dirait que la musique est un monde trop étroit pour ce groupe, et que le leur est en perpétuelle expansion. Leurs concerts affichent toujours « complet », additionnant le public de la première heure et les fans plus récents. 3 D est connu pour des engagements pacifistes, altermondialistes, et pour ses collages, montages et autres bandes-annonces diffusés sur scène. En 2002, le groupe acheta une page entière de pub dans *New Musical Express*, pour sensibiliser les lecteurs à la guerre en Irak de Bush et de Blair. Massive Attack ne tomba pas dans le piège de la Cool Britannia.

Dans un genre plus mélancolique, sirupeux et jazzy, Portishead, formé à Bristol en 1991, vit son disque *Dummy*, avec le titre *Glory Box*, élu album de l'année 1994 par la presse britannique. Le trip hop se fit plus rhythm'n'blues avec Morcheeba. Plus mâle avec les superbes compos de Tricky. Si, à leur suite, plusieurs groupes essayèrent leur propre formule de trip hop (citons entre autres Zero 7, The Beta Band, ou les Américains du Supreme Beings of Leisure), ils ne réussirent guère à renouveler le son originel d'un des quatre précurseurs.

Pour autant, en cette fin de décennie, le trip hop était ce qui pouvait arriver de mieux à la culture pop. Il est la mémoire, et le remix idéal, de la majorité des musiques pop qui l'ont précédé (du jazz à l'électro en passant par le rap, le rhythm'n'blues, le rock, le dub, le reggae).

Cette texture et cette architecture sonores, cette exigence artistique, préfiguraient Moby, Air, ou Lana Del Rey. Les sons sur lesquels nous dansons aujourd'hui ont été manufacturés à coups de revivals nostalgiques. La décennie quatre-vingt-dix tirait son rideau après avoir planté les graines des tubes des années deux mille.

R'n'B, hip-hop, trip hop : déjà, les sons du XXIe siècle

Si la rivalité côte Ouest-côte Est illustre une partie du destin que connut le hip-hop américain à la fin du XXe siècle, le second album de Fugees, *The Score*, inaugura une nouvelle ère pour le genre en question. Le triomphe de l'album, qui suivait le plus confidentiel *Blunted on Reality*, donna la mesure d'un changement qui s'avéra capital : Lauryn Hill, chanteuse plus axée soul que rap, posait ses refrains chantés sur des rythmes hip-hop, rendant ainsi une musique urbaine plus populaire et accessible que le gansta rap d'alors. Mariah Carey suivit ses traces en collaborant avec Jay Z. Plus tard, Beyoncé et Jennifer Lopez reproduisirent le même schéma. Les Fugees ouvrirent ainsi le hip-hop et le R'n'B à de nouveaux horizons. Apparu dans les années quatre-vingt, le R'n'B est la rencontre de la soul, du hip-hop et de la pop. Les chanteuses y sont prépondérantes (hier Aaliyah ou Zhané, aujourd'hui Beyoncé). Lauryn Hill modifia le paysage hip-hop de l'époque, en intégrant le chant féminin dans le rap masculin.

Durant ces années quatre-vingt-dix, un ou deux albums cultes sortirent chaque année. Qu'ils soient mainstream ou plus expérimentaux, ils étaient chacun enracinés dans l'histoire de la pop : c'est *Protection,* par Massive Attack, *Dummy,* de Portishead, c'est *The Score,* par les Fugees, *Nevermind,* de Nirvana, *All I Want for Christmas Is You,* de Mariah Carey, c'est Manu Chao se lançant en solo avec *Clandestino,* ou Snoop Dog, Fatboy Slim, NTM, Jeff Buckley, Blur, Oasis et Laurent Garnier.

La décennie fut aussi bling-bling et business que la précédente mais en même temps plus révoltée (le grunge). Quentin Tarantino poursuivait le filon de la Blaxploitation tout en lui injectant les codes de la culture pulp, des films de série Z, du cinéma asiatique et du manga. Ce fut l'acte de naissance de la première série télé qui renouvelait complètement le genre : *Twin Peaks,* dont il se prépare aujourd'hui une nouvelle saison, vingt ans après. Si l'on ajoute l'irruption d'un nouveau cinéma asiatique, cette décennie fut un geyser de formes artistiques inédites, contribuant à faire de la pop culture une boule à facettes tournoyante. Et ce, en résistant aux invasions commerciales et télévisuelles comme les boys et girls bands, l'eurodance, et autre accidents industriels nommés 2Be3, Worlds Apart, MN8 ou East 17.

Le nénuphar de la pop culture se déployait partout.

2000-2010

La pop passe de l'Asie au monde 2.0, et se raconte en séries

Quand débuta le tant attendu nouveau millénaire, le monde échappa au « bug de l'an 2000 » – la première menace mondiale d'origine digitale. La première décennie des années deux mille ouvrit de nouveaux horizons pour l'industrie culturelle : l'univers numérique transformait le réel en une sorte de réalité augmentée, favorisait l'accès à la connaissance et à l'information, multipliait nos besoins pour mieux les satisfaire. La rencontre des arts, de l'industrie du divertissement et des nouvelles technologies, soit l'esprit même de la pop culture, s'en trouvera facilitée, accélérée, et à portée de plus de gens. En ce nouveau siècle, un continent jusqu'alors discret allait mettre tout le monde d'accord : l'Asie, à travers le manga, le cinéma d'animation mais aussi celui d'arts martiaux ou policier, et enfin les jeux vidéo, inventait la culture geek d'aujourd'hui.

Dans les années quatre-vingt, le Japon était devenu l'une des premières puissances économiques du globe. Il sera rattrapé dix ans plus tard par les « quatre dragons » (Corée du Sud, Hongkong, Singapour, Taïwan), qui avaient reproduit son modèle économique jusqu'à le concurrencer dans des secteurs industriels de pointe. Ces pays seront les navires amiraux d'un nouvel espace culturel qui repose sur l'informatique et les nanotechnologies. Ils utiliseront leur diplomatie culturelle, leur force de frappe industrielle et leur expansion économique pour exporter ce qu'on appellera plus tard le « soft power asiatique ». La stratégie, amorcée dans les années quatre-vingt-dix, permit à l'Asie de s'imposer dans tous les secteurs de l'entertainment. Et, en conséquence, d'apposer son empreinte sur la pop culture. Le lancement en France de l'appli Pokémon Go, fin juillet 2016, suffit à s'en convaincre : la geek culture nippone est désormais omniprésente. Ce processus s'étend des années quatre-vingt-dix à nos jours, et les années deux mille en sont le paroxysme.

Le manga, cousin nippon des comics américains

La Japan Expo est de nos jours la plus grande manifestation européenne dédiée aux cultures du pays du Soleil-Levant. Mais, lors de son lancement, en 1999, le salon était un rassemblement de passionnés : 3 200 visiteurs, un comité restreint qui prit place… dans les sous-sols de l'Institut supérieur de commerce de Paris (établissement privé du dix-septième arrondissement). Dédié au manga et à l'animation japonaise (laquelle avait acquis une légitimité artistique mondiale, grâce, notamment, au réalisateur Hayao Miyazaki), l'événement s'ouvrit progressivement aux fanzines, à la musique, aux arts martiaux ou à la cuisine (!), et accueillit dessinateurs, cinéastes, artistes et autres professionnels du secteur.

Japan Expo se déroule désormais quatre jours durant, début juillet, au parc des expositions de Paris-Nord (Villepinte, Seine-Saint-Denis). En 2016, il s'agit du premier événement interculturel en Europe, avec une fréquentation estimée à 300 000 visiteurs environ. Ses fondateurs, Jean-François et Sandrine Dufour, et Thomas Sirdey, à l'époque étudiants, furent les témoins de l'essor de l'animation japonaise dans les années quatre-vingt et quatre-vingt-dix, quand *Akira, Albator* et *Goldorak* ne s'appelaient pas encore « mangas ».

Le manga est une bande dessinée qui se lit dans le sens inverse des BD occidentales, il est la version japonaise du comic américain, dont il transpose les caractéristiques : rythme narratif très vif, couleurs souvent pétantes, découpage et traits de dessins reproduisant l'énergie visuelle d'un film, personnages dotés de pouvoirs hors du commun. En outre, le manga japonais connut exactement le même développement que les comics US, puisqu'il fut soutenu lui aussi par une presse écrite qui publia des dessins d'humour et des caricatures dès les années mille huit cent soixante-dix.

Le premier manga date de 1902, et fut l'œuvre de Rakuten Kitazawa (1876-1955) dans les pages illustrées du supplément dominical du *Jiji Shinpô*. Kitazawa créa son propre magazine trois ans plus tard : le *Tokyo Puck*, support en couleurs paraissant deux ou trois fois par mois, et contenant des textes en japonais, en chinois et en anglais, ainsi que des caricatures et un manga en six cases. Il lança plus tard d'autres revues, notamment pour enfants. La bande dessinée japonaise, directement issue de la tradition de la caricature, fut victime de la censure : en 1925, le gouvernement promulgua la « loi de préservation et de paix » destinée à soumettre la presse à la propagande expansionniste de l'empire – dont le point d'orgue fut la guerre sino-japonaise (1937-1945). Le manga devint alors une contre-culture.

Sous l'occupation américaine (le pays fut sous tutelle US jusqu'en 1951), les mangakas (les dessinateurs) subirent la loi des comics, importés par milliers des États-Unis à destination des GI, qui les dévoraient. Influencée par les films de Walt Disney, tout comme par les rythmes plus vifs et les couleurs flashy des strips américains, une nouvelle génération redynamisa le genre, et donna naissance à un manga plus moderne, travaillant couleurs, cadrage, dynamisme visuel. Osamu Tezuka (1928-1989) en fut le précurseur (*Shin Takarajima*, littéralement « nouvelle île au trésor », parue en 1947, marque le début de cette nouvelle ère).

En 1963, Tezuka réalisa la première série d'animation japonaise pour la télévision, d'après l'une de ses propres œuvres : la série *Astro, le petit robot*, l'histoire d'un humanoïde élevé dans une famille « normale », faisant office d'interface entre les machines et le monde des humains. Les aventures de ce Pinocchio nippon préfiguraient le passage du papier au petit écran, qui bouleversa le mode d'expression du manga. Et, conséquemment, l'économie et le rayonnement de cette forme artistique.

Dans les années soixante apparut un genre de manga plus réaliste, plus dramatique, appelé le gekiga, puis, dans les seventies, un manga à l'eau de rose, dont le plus connu chez nous est *Candy*, de Yumiko Igarashi et Kyoko Mizuki, publié entre 1975 et 1979, et dont la série télévisée fut diffusée en France dans l'émission « Récré A2 » dès 1978, la même année où *Goldorak* fit son apparition à la télévision française. Dépoussiéré, occidentalisé, le manga nippon se posa paradoxalement en rempart contre l'occupation et le rayonnement culturel yankees sur le sol japonais. Ce, d'autant que le Japon subissait encore le traumatisme de la Seconde Guerre mondiale, se considérant à la fois bourreau et victime.

Albator, créé en 1969 par Leiji Matsumoto (Akira de son vrai prénom), rapidement adapté en série télévisée et diffusé dès 1979 sur les écrans français, est l'exemple type du manga moderne : classe mais un peu kitsch, avec une intrigue à mi-chemin entre le romantisme gothique, le western de SF et les histoires à l'eau de rose. La première aventure s'intitula *Dai-Kaizoku Captain Harlock*, car le corsaire balafré portait le nom, dans sa version originale, de Franklin Harlock Jr. Ce sont les traductions françaises qui le baptisèrent Albator, pour éviter toute confusion avec le capitaine Haddock. Avec son personnage au look gothique – cape rouge et noire, balafre sous l'œil gauche, mèche épaisse sur le droit – et ses décors de space opera et de roman de cape et d'épée, la saga *Albator* fut inspirée des romans de Jules Verne autant que des steampunks (récit de science-fiction uchronique qui se déroule au XIXe siècle).

De *Akira* à *Pokémon* : le manga, phénomène de société

1988 reste l'année où le manga japonais s'imposa dans le monde entier. En portant lui-même sa BD *Akira* à l'écran, Katsuhiro Ôtomo prouva qu'il existait un manga adulte, et que le dessin animé pouvait, comme la bande dessinée, s'adapter à un public plus large que les seuls écoliers. Oscillant entre science-fiction, récit postapocalyptique et monographie de Tokyo (qu'il imagine détruit après une troisième guerre mondiale), *Akira*, avec ses traits épurés, est le miroir japonais de *Blade Runner*, et demeure un modèle de manga tentaculaire. Si Hayao Miyazaki put faire admirer à leur juste mesure *Porco Rosso* (sorti en 1992, il raconte l'histoire d'un mercenaire italien transformé en cochon durant les années vingt), *Princesse Mononoké* (1997) ou encore *Le Voyage de Chihiro* (2001), et devenir mondialement honoré ensuite, c'est grâce à ce qu'avait montré *Akira*.

En France, ce film marqua un tournant. En 1990, les éditions Glénat traduisirent et publièrent *Akira*, puis d'autres mangas à la mode suivirent : *Dragon Ball* d'Akira

Toriyama ou *Crying Freeman* de Ryöicho Ikegami, notamment. D'autres éditeurs traditionnels lancèrent leur collection manga (Casterman, J'ai Lu) : de deux en 1994, on passa à plus d'une quarantaine de séries différentes en 1996 !

La reconnaissance critique et publique se fit certes attendre, mais le manga devint l'un des fers de lance de l'industrie culturelle globale du continent asiatique, son fameux soft power. La France était alors le deuxième marché pour le genre – après le Japon. Dans cette décennie, la part du manga représentait environ 40 % des ventes du secteur de la BD (soit 12 millions d'albums vendus par an). En 2008, au Japon, on comptabilisait 478 millions de mangas écoulés, pour un chiffre d'affaires de 237 milliards de yens (et 22 % des ventes totales de livres). Détail essentiel : le manga représentait alors les trois quarts des ventes de livres numériques dans l'archipel...

Comme dans le cas des comics américains dans les années cinquante, le manga se développa avec l'appui de produits dérivés : jeux de cartes, jouets, mais aussi films d'animation et jeux vidéo. L'exemple le plus parlant demeure la sortie, sur les Game Boy de la marque Nintendo en 1996, de la première génération du jeu vidéo *Pokémon* : issu d'un manga, il fut décliné en série animée, et dans toute une sorte de produits dérivés, avant de devenir une application de jeu de « réalité augmentée » dans les années deux mille dix. *Pokémon* n'est pas qu'un jeu, c'est un phénomène. Il représente un nouveau stade culturel et sociétal de l'humanité occidentale, où le virtuel dépasse le réel. Depuis l'été 2016 en France, des millions d'individus se déplacent dans les rues leur smartphone tendu devant eux, comme un bâton de sourcier. Jusqu'en 2015, en les voyant, on aurait dit qu'ils se photographiaient (les fameux selfies). Aujourd'hui, il y a une chance sur deux qu'ils aient plutôt repéré un Pokémon et qu'ils cherchent à le capturer.

Ce phénomène, venu du manga, illustre ce qu'avaient pu représenter, en amont, la bande dessinée et l'animation japonaise pour l'archipel. Véritable phénomène de société, le manga touche toutes les classes sociales, toutes les générations, et traite de tous les thèmes imaginables : la vie à l'école, au bureau, en famille, le sport, mais aussi l'amour, la guerre, la cuisine, ou l'histoire.

La vague du ciné indé

Nés au milieu des années soixante-dix (comme l'auteur du présent livre), Thomas Bangalter et Guy-Manuel de Homem-Christo, les deux éminences grises dissimulées derrière leur casque de Daft Punk, furent eux aussi de petits spectateurs de « Récré A2 », d'*Albator,* de *San Ku Kaï, Capitaine Flam* et autres *Candy.* Ces mangas-là sont constitutifs de leur imaginaire sonore et visuel : mangas et jeux vidéo font souvent partie de la panoplie culturelle des fans de musique électro.

Ce n'est donc pas un hasard si, en 2000, ils démarchèrent les studios d'animation japonais afin d'organiser une collaboration avec Leiji Matsumoto. Ils se rendirent sur place, accompagnés de leur coscénariste Cédric Hervé, avec dans leurs bagages la maquette de *Discovery,* leur prochain album. Ce dernier était de facture un peu rétro, avec des sons seventies. Les trois Français parvinrent à rencontrer le maître japonais. Le rêve d'enfant devint réalité : après avoir écouté leur album, le père d'*Albator* fut emballé par l'idée de réaliser un moyen-métrage avec Daft Punk. De la fusion de leurs univers respectifs naquit *Interstella 5555,* film de soixante-huit minutes sorti sur les écrans en 2003. Il est composé des clips des différents titres de *Discovery*, mis bout à bout et tenus par un vague fil conducteur – un groupe de rock arraché à sa planète natale et exilé sur Terre. C'est flashy, disco, pour un space opera autour des thèmes chers aux Français : l'industrie du disque, le star-system, l'héroïsme, le futur, le tout teinté de la mélancolie et de l'humour du mangaka. Des thèmes pop, s'il en est.

Il convient de ne pas oublier tout un autre pan du cinéma asiatique, qui participe lui aussi de la culture populaire : les films de kung-fu, d'arts martiaux ou de sabre, les polars à base de yakuzas. Bref, les séries B. Ce cinéma fut remis au goût du jour dans les années quatre-vingt, et le courant se reforma autour de producteurs et de réalisateurs indépendants. Écrivain (il est auteur d'un roman et d'un recueil de nouvelles), acteur et réalisateur, Takeshi Kitano marqua les esprits en donnant la réplique à David Bowie dans le film *Furyo*, réalisé par Nagisa Oshima en 1983. Souvent acteur dans ses propres œuvres, en majorité des films de yakuzas, il détourne depuis lors les règles implicites d'un genre qui fut souvent rattaché aux codes d'honneur des bandits. À des gangsters impassibles, Kitano substitua des hommes habités par le doute, des fumeurs de cigarettes qui s'emmerdent à longueur de journée, ne trouvant plus leur place dans une société où la corruption et le crime sont l'apanage de cols blancs œuvrant en toute discrétion. Ces films indés rencontrèrent un succès public et/ou critique, et contribuèrent à renouveler tout le champ de la série B nippone.

La Corée du Sud apporta son tribut à cette nouvelle vague de productions (Kim Jee-woon et ses serial killers), tout comme Hongkong (les polars monstres de Wong Kar-wai, de Johnnie To, de John Woo, mais aussi de Tsui Hark) et Taïwan (Ang Lee, Tsai Ming-liang). Tous étaient les héritiers du cinéma de Kurosawa, des films de samouraïs, de Jackie Chan, des histoires chevaleresques et, bien évidemment, de l'esthétique pétaradante du manga et de l'animation japonaise.

Moby, fils de l'Amérique, de l'électro et du New York pop

Quittons quelques instants l'Asie (nous y reviendrons) et traversons le Pacifique, puis les États-Unis. À New York, une autre figure, à la croisée de plusieurs genres musicaux, adepte d'un style de vie « citoyen » (soucieux de l'environnement, du respect des animaux, et se défiant totalement des politiques), perça en 2000 et demeure aujourd'hui une superstar : Richard Melville Hall, dit Moby. La légende voudrait que le célèbre écrivain Herman Melville fût son arrière-arrière-arrière-grand-oncle, mais, en 2016, Moby lui-même disait ne pas en être certain, que peut-être ses parents lui avaient menti…

Il se révéla au monde avec un album qui fut un triomphe : *Play*. C'était un mélange de pop commerciale pour ascenseur et de mix électro qui étaient de purs joyaux, et de musique planante : de mainstream et d'underground. Il restera dans l'histoire comme le premier album dont l'intégralité des morceaux fut sous licence commerciale, c'est-à-dire dont les droits d'exploitation furent cédés pour être utilisés dans des films ou des publicités. Mais si Moby a sa place dans notre ouvrage, c'est parce que les différentes facettes de l'homme et de l'artiste épousent celles de la pop culture telle que nous la définissions ici.

Venu au monde le 11 septembre 1965 à Harlem, dans la zone de New York aux prises avec le crime et la drogue, il grandit dans la métropole, qui devint entre 1973 et 1980 le nouveau centre du rock'n'roll sauvage (The Ramones,

Blondie, puis The Talking Heads et les New York Dolls habillés en drag-queens). David Mancuso et Nicky Siano y inventèrent la disco moderne, et Willie Colon et les Fania All Stars, à Harlem, y importèrent la salsa cubaine, initiant la fusion du son raffiné de La Havane avec le funk et la soul – plus tard, les b-boys, Grandmaster Flash et Sugarhill Gang y donnèrent ses lettres de noblesse au hip-hop.

Le premier groupe de Moby, en 1980, était une formation punk baptisée les Vatican Commandos (« Je ne suis pas du tout pratiquant : la religion, ça me fait penser à du sport. Je suis soufi, dalaïste, agnostique, tout ça, mais je ne suis pas chrétien ou autre. Telle a toujours été ma relation à la Bible », revendiquait-il en 2016). Avant le succès de *Play,* il vécut dans une usine désaffectée de Stamford (Connecticut). Il décrit son quotidien de l'époque – il bidouillait déjà sur un enregistreur quatre pistes – dans son autobiographie, parue en 2016 (*Porcelain,* Le Seuil, pour l'édition française) : « En général, je me réveillais vers midi, je me faisais cuire des flocons d'avoine sur ma plaque, je lisais la Bible et je bossais ma musique. » On vérifia par la suite que la pratique religieuse, la musique et le mode de vie végan étaient les pivots de sa présence au monde – dans chacune de ses déclarations à la presse ou sur le réseau social Instagram, où il est très suivi, il aborde moult fois la lutte pour les droits des animaux.

Jusqu'à *Play,* donc, Moby, devenu DJ résident au célèbre club Mars, partageait son temps entre les fêtes (et la drogue, le crack surtout, et énormément d'alcool) et les enchaînements de sets. Il priait même après avoir joué... dans des clubs SM. Certains de ses titres furent controversés (*That's when I reach for my revolver,* 1996), d'autres passèrent sans faire de bruit (l'album *Ambient* en 1993), et d'autres encore lui valurent une estime que viendra confirmer son futur triomphe (les albums *Everything is Wrong*, en 1995, et *Animal Rights*, en 1996, ce dernier étant un retour au punk qui désorienta ses premiers fans). Puis il y eut *Play*, et une autre vie.

En 2000, Moby est devenu un artiste pluriel, engagé, mais toujours reclus et effacé. Au fil des sept albums publiés depuis *Play*, il est passé du rock agressif et rapide à l'ambiant cool, de l'électro hyper architecturée à la musique lounge pour séances de yoga (*Long Ambients 1 : Calm. Sleep.* est une dinguerie de quatre heures disponible gratuitement sur le Web au printemps 2016). Il n'a cessé de changer d'horizons musicaux, tout en pivotant autour de l'électro. Lui, l'enfant d'un New York à figure de Babylone musicale, a grandi dans une régénération incessante de sons urbains, qui a fini par définir son identité artistique, faite de contre-pieds permanents. Elle explique un imaginaire musical et visuel (dans ses clips) qui font de lui ce que son ami David Lynch est au cinéma : la liberté et l'intelligence mêmes. Ce n'est d'ailleurs pas un hasard si l'un comme l'autre pratiquent désormais plusieurs disciplines artistiques, tout en partageant la même passion pour la photographie – ce huitième art (après le cinéma) qui, au temps de la pellicule, consistait à « écrire la lumière » et à suspendre le temps. Lynch et Moby sont deux artistes cérébraux, et deux enfants de la pop culture.

J-pop et K-pop

Retournons en Asie, mais continuons de parler de musique. Vus d'Europe, mangas et cinéma furent les domaines précurseurs de ce qu'on appelle aujourd'hui le « soft power » asiatique, dans lequel l'entertainment culturel et les technologies numériques sont prépondérants.

Mais deux genres musicaux furent aussi les vecteurs de ce rayonnement : la J-pop (pop japonaise) et la K-pop (Korean pop). N'avez-vous pas ri, ou peut-être dansé, en 2012, en voyant le clip *Gangnam Style* ? Alors âgé de trente-cinq ans, le chanteur sud-coréen Park Jae-sang, plus connu sous le nom typographié PSY, fut à la base du clip le plus visionné de toute l'histoire de YouTube (2 milliards de visionnages en deux ans). Impact visuel du clip, au cœur du lancement commercial, refrain court et frappant, mélange de variété et de dance music : c'est de la pure K-pop commerciale, soutenue par l'activité économico-culturelle intense du pays.

L'omniprésence sur les réseaux sociaux est devenue une caractéristique des modes pop, japonaise ou coréenne, à grand renfort de publicités, d'émissions télé et de jeux vidéo. Elles fédèrent les foules car elles sont présentes partout, et elles sont partout parce qu'elles fédèrent les foules, avec une vitesse de propagation alors inédite à cette échelle.

Plus consistante artistiquement que sa cousine, la J-Pop fut portée par des groupes qui cherchèrent, dès les années soixante-dix, à apporter un supplément d'âme japonais au son des Beatles. Quiconque les écoute aujourd'hui est plié en quatre : la langue japonaise ne correspond pas au rythme ni à l'énergie du rock des sixties, et on croirait entendre une parodie – ou une musique d'ascenseur, dans le cas de Kyu Sakamoto. Mais les Happy End, les Yellow Magic Orchestra ou les Southern All Stars, groupes de l'archipel nippon, tentèrent aussi le glamrock, la new wave. En vingt ans, la reconstruction économique du pays favorisa la qualité des moyens de production. Des groupes comme le duo Chage & Aska ou B'z partaient pour des tournées triomphales dans toute l'Asie. Tokyo était devenu une mégapole ultramoderne, vivier de

DJ des deux grandes musiques urbaines de la fin du XXe siècle et de ce nouveau millénaire : le hip-hop et la danse music y supplantèrent facilement les musiques traditionnelles, autour notamment de Tetsuya Komuro ou de Namie Amuro. Aujourd'hui encore, Tokyo est une ville aussi scrutée que Berlin pour les DJ house et danse music qui veulent rester à la page. La particularité de l'électro nippone est d'être minimaliste, plutôt ludique, voire ambiant ou lounge – plus adaptée à un début de soirée. Dans ces années deux mille (le phénomène est légèrement moindre à présent), des groupes comme Dreams Come True, Chage & Aska, B'z, Southern All Stars, The Pillows, et TUBE étaient des mégastars, et suivis par des communautés XXL de fidèles. Aujourd'hui, la J-pop est partie intégrante de la culture nationale. C'est dans les années deux mille qu'elle devint un vecteur d'identification non seulement pour les fans, mais pour la jeunesse tout entière du pays.

Les racines de la K-pop sud-coréenne, elles, sont à trouver dans l'occupation américaine de la Corée, au sortir de la Seconde Guerre mondiale. La musique qu'écoutaient, et jouaient, les GI dans leurs bases se répandit dans le voisinage ; les Coréens découvrirent un rock'n'roll qui aura le temps de s'implanter, juste avant qu'une autre guerre (1950-1953) ne divise en deux le pays. C'est sous influence US que vit donc le jour une nouvelle scène musicale locale, au croisement des cultures asiatique et occidentale. L'une des conséquences fut notamment de décomplexer les Coréens face aux musiques occidentales. Dans le même temps, le développement économique asiatique en avait fait des concurrents égaux dans le rapport de forces mondial.

Au début des années quatre-vingt-dix, une nouvelle génération de musiciens et de chanteurs n'hésita pas à métisser rock, R'n'B, dance, hip-hop et/ou électro, à l'instar du groupe Seo Taiji & Boys dans son *Nan Arayo* (1992). Alors trentenaires, Seo Taiji et ses musiciens poussèrent la nouveauté et la subversion (deux notions qui, combinées, forment une cellule souche de la pop culture) jusqu'à ajouter des instruments ou des rythmes traditionnels coréens (percussions, etc.) dans... des remix – inversant ainsi le sens des usages, puisqu'un remix est en général conçu pour passer en boîte de nuit, et se doit d'être encore plus dance que l'original.

Ces fusions eurent de fortes répercussions sur l'industrie musicale : comme en Europe, on assista au boom des boys bands et des girls bands en Asie, phénomène encouragé par les maisons de disques, qui se multiplièrent alors. C'est le cas de SM Entertainment, créée en 1995 par Lee Soo-man, qui présidait aussi une agence de voyages, une maison de production de films et une société d'événementiel. SM Entertainment, JYP Entertainment, YG Entertainment, DSP Entertainment... l'omniprésence du mot « entertainment » dans l'appellation de ces labels est sans équivoque quant au public visé. Ils reproduisaient le business model adopté par Berry Gordy pour la Motown, en 1959, à ceci près que ce dernier, avec son slogan « Hitsville », cherchait le succès sans pour autant perdre son âme.

De la K-pop au soft power sud-coréen

La K-pop devint une industrie culturelle dominante dans toute l'Asie. Elle put asseoir sa notoriété sur cette domination, et poursuivre son expansion. Dans cette stratégie, conquérir le juteux marché musical japonais (alors le deuxième du monde derrière les États-Unis) était capital. Les maisons de disques coréennes mirent en œuvre une pratique singulière : apprendre la langue nippone à leurs artistes, de façon à pouvoir les faire chanter aussi bien en coréen qu'en japonais ! En quelques années, la K-pop devint un genre très populaire dans l'archipel voisin, avec des groupes régulièrement en tête des ventes : BoA, Tohoshinki, Girls' Generation, SHINee, Kara. La K-pop avait appris à se diversifier : si elle restait dominée par la soupe dance, on y trouvait aussi du R'n'B mieux produit. L'Asie du Sud-Est tomba sous le charme : Taïwan, Malaisie, Philippines, Vietnam, Thaïlande. Puis la Chine, avant l'Amérique, donc, et enfin l'Europe.

En 2009, un girls band produit par JYP Entertainment, les Wonder Girls, devint le premier groupe coréen à intégrer l'US Billboard, l'un des classements de référence américains pour les ventes de disques et de films. Le territoire américain était désormais ouvert aux Coréens. Et, dès l'année suivante, le label SM Entertainment organisait une tournée internationale avec ses artistes, passant par les USA mais aussi par la Chine, le Japon et la France.

Les majors utilisèrent abondamment les plateformes vidéo pour la mise en ligne des clips officiels. SM Entertainment lança en 2009 sa propre chaîne YouTube. Tous les labels investirent massivement iTunes pour mettre en vente les chansons de certains groupes, enregistrant au besoin des versions en anglais. Cette stratégie novatrice s'appuyait sur un élément devenu majeur dans la globalisation culturelle des années deux mille dix : les communautés de fans sur les réseaux sociaux. Passée, en vingt ans, du statut de pays pauvre à celui de quatorzième puissance économique mondiale, la Corée du Sud est l'exemple même du pays qui est parvenu à ce qui paraissait inimaginable il y a encore deux décennies : faire cohabiter une organisation étatique rigide (le pays vécut sous un régime dictatorial jusqu'à la fin des années quatre-vingt) avec un ultralibéralisme sans frein.

C'est ainsi l'État qui sélectionne – directement, ou indirectement par le biais d'un organisme public – les artistes qu'il va subventionner et promouvoir à l'étranger. Les majors et éditions culturelles assurent la suite des opérations. S'il est prépondérant dans la musique ou le cinéma, le modèle vaut également pour le secteur de l'édition littéraire. En 2016, la Corée du Sud était à l'honneur au Salon du livre de Paris. Je réalisais alors une enquête pour le magazine *Lire,* où je montrais que depuis 1996 le système de promotion des lettres coréennes était porté principalement par un organisme public, le Literature Translation Institute of Korea, géré par le gouvernement. Jusqu'en 2014, celui-ci sélectionnait les auteurs et les œuvres à traduire, sollicitait les traducteurs français et assumait financièrement une bonne part de la fabrication puis de la promotion.

C'est par ce moyen que fut publiée en France la majeure partie des œuvres signalées plus haut, notamment aux éditions Zulma. Lesquelles, lassées de cet interventionnisme qui était devenu un frein à leur liberté de choix, cessèrent carrément la collaboration. Afin, notamment, de ne pas se retrouver cantonnées à des ouvrages dont la plupart traitaient de l'événement fondateur de la République de Corée, la guerre de 1950-1953. Cette politique est à mettre en relation avec le succès, relevé dès 2002 par l'Unesco, de l'industrie culturelle asiatique dans son ensemble. « L'Asie a dépassé l'Amérique du Nord comme principale région exportatrice de produits culturels », signalait alors un rapport. Cette politique active d'aide au développement des industries culturelles fut décisive dans l'émanation de ce qu'on appelle aujourd'hui le « soft power » coréen dans l'entertainment culturel et numérique. C'est ici la pop culture dans sa facette la plus industrielle et capitaliste.

Les séries : le Graal qui a tout changé à la fiction télé

Mission : impossible, Star Trek, Le Prisonnier : nées dans les années soixante, adoptant l'imagerie pop d'alors, ces œuvres furent (on l'a vu) les précurseurs de ce qui est aujourd'hui la narration pop par excellence, la série télé. Produites avec des moyens aussi sophistiqués que ceux du cinéma, souvent écrites et scénarisées par une armée d'auteurs, de dialoguistes et de scénaristes, embauchant régulièrement des écrivains (comme les studios hollywoodiens de la grande époque), elles sont devenues le Graal des chaînes de télévision et des sociétés de production, ou encore des romanciers, qui sont de plus en plus nombreux à essayer de faire adapter leur ouvrage en série, alors qu'auparavant l'adaptation cinématographique était la panacée.

En 2010, la trilogie *Millénium* du suédois Stieg Larsson, carton mondial de l'édition et pièce maîtresse de la mode du polar nordique, fut portée à l'écran par Niels Arden Oplev et Daniel Alfredson, mais ceux-ci créèrent aussi une version télé, en six épisodes de quatre-vingt-dix minutes – deux heures supplémentaires par rapport à la version cinéma (trois films, un par tome). Les séries devenaient un passage obligé, un genre narratif moderne majeur. Depuis les années deux mille, le phénomène n'a fait que croître, reproduisant de façon surdimensionnée l'effet des publications pulps dans les années vingt. La nouvelle fiction populaire, c'étaient les séries télévisées. Et ça l'est resté. En raison, notamment, du succès de la VOD (vidéo à la demande), grâce à laquelle on peut louer ou acheter un film directement chez son fournisseur d'accès Internet, pour le visionner sur sa télé ou sa tablette. Il n'est pas rare de passer la nuit entière devant une saison intégrale, soit six à huit heures d'affilée sous la couette et devant l'ordinateur portable. *Twin Peaks, X-Files, The Wire, Les Soprano, 24 Heures chrono, Six Feet Under,* et bien d'autres : le meilleur moyen de raconter une histoire neuve est souvent d'en faire une série.

Game of Thrones a prouvé que la recette fonctionne de même avec des légendes plus anciennes : elle est l'adaptation de la saga romanesque de l'américain George R. R. Martin, intitulée *A Song of Ice and Fire*, fantasy qui lorgne autant vers le western que vers le roman médiéval. À travers ses personnages moralement ambivalents, la série explore les sujets liés au pouvoir politique, à la hiérarchie sociale, la religion, la guerre civile, la sexualité, ainsi que la violence en général. Créée par les réalisateurs américains David Benioff et D. B. Weiss pour la chaîne HBO, elle compte six saisons depuis 2011, une septième est d'ores et déjà prévue pour 2017 et une huitième pour l'année suivante. En 2015, elle est entrée dans le livre des records comme la série la plus diffusée dans le monde (173 pays, rapportait alors le site de l'hebdomadaire *L'Express*). Selon tous les spécialistes et statisticiens de la question, elle est à ce jour l'une des séries les plus téléchargées illégalement au monde.

Twin Peaks, une série purement pop

La mère de toutes les séries déroule une intrigue qui se passe à l'époque de sa diffusion, c'est-à-dire au tournant des années quatre-vingt et quatre-vingt-dix. On y entre comme l'agent spécial du FBI Dale Cooper, protagoniste majeur des deux saisons diffusées aux États-Unis, d'avril 1990 à juin 1991 : en lisant la pancarte « Welcome to Twin Peaks – Population 51201 ». Cette ville imaginaire de l'État de Washington, dans le nord-ouest des États-Unis, est considérée comme la sœur jumelle de la (vraie) ville de Missoula (Montana), située 400 miles (750 kilomètres environ) plus à l'est, et surtout lieu de naissance du créateur de la série : l'immense cinéaste David Lynch. Notons que Missoula fut aussi la ville de nombreux écrivains entre les années soixante et le début des années deux mille : Jim Harrison, Thomas McGuane, James Lee Burke, James Welch, Norman Maclean, James Crumley ou Richard Hugo y vécurent ou y vivent encore, et ont écrit des pages sublimes sur ces espaces si démesurés qu'ils symbolisent le mythe de l'Ouest.

Lynch, donc, est un réalisateur majeur *(Eraserhead, Elephant Man, Dune, Blue Velvet, Sailor et Lula),* au carrefour de plusieurs genres (science-fiction, polar, fantastique, ou ultraréaliste) et très avant-gardiste quand il décide de se frotter au défi de la télé. Dans une ambiance identique à celle de ses films (paranormale, érotisante, paranoïde, romantique et sentimentale), Lynch racontait comment la bourgade-titre se dépêtrait de la mort de Laura Palmer, jolie lycéenne blonde, connue et aimée de tous, dont le cadavre est retrouvé emballé dans un sac en plastique sur la berge d'une rivière. Quand l'agent fédéral Cooper mène l'enquête, il fouille dans les secrets des autorités et des habitants locaux, ainsi que dans ceux de la défunte. Mais, au-delà de ces codes propres au polar, Lynch plonge les spectateurs dans une ambiance quasi gothique, faite de mystères et d'obsessions. Une réflexion sur le thème du double et des apparences trompeuses.

Prolongement de son œuvre cinématographique d'alors tout en annonçant la radicalisation avant-gardiste à venir, la série demeure à ce jour l'œuvre de fiction la plus inclassable de l'histoire du petit écran. La musique d'Angelo Badalamenti y est à l'image de l'imaginaire lynchéen : trouble, planante, poétique. Idem pour le personnage de Cooper (interprété par le troublant Kyle MacLachlan), qui n'a de cesse d'enregistrer de mystérieux messages codés sur son dictaphone, à l'intention d'une certaine Diane et, surtout, du spectateur. Nous aurons à jamais en mémoire la « femme à la bûche » (interprétée par la défunte Catherine E. Coulson), qui intervenait en incipit du chacun des épisodes pour donner sa propre interprétation de l'histoire. Par la perfection de son arc dramatique (ainsi nommera-t-on plus tard le fil conducteur et le synopsis de chaque saison d'une série), par sa puissance esthétique et son épaisseur scénaristique, *Twin Peaks* changea pour toujours la narration télévisuelle. Le cinéaste tourna en 1992 un préquel (comme on ne disait pas encore à l'époque), *Twin Peaks* : *Fire Walk with Me*, film de deux heures dix sur les sept derniers jours de la vie de Laura Palmer, infiniment plus barré que la série.

Avec elle, un média de masse (la télé) avait réappris le goût pour des créations artistiques populaires *et* intellectuellement exigeantes, grâce à un auteur. Artiste cérébral, intellectuel, un rien mystique, Lynch ne se posait pas entre la culture de masse et l'élitisme culturel. Il avait – son œuvre passée et à venir le prouvera – dépassé cet éternel clivage culturel. *Twin Peaks* est peut-être l'œuvre la plus pop de l'histoire. Personne n'a jamais été aussi loin – seul Lynch lui-même, d'ailleurs, pourrait l'envisager. Si bien qu'au printemps 2014 il annonça préparer, vingt ans après, une troisième saison. Bien qu'il entoure depuis le tournage d'un secret absolu, on sait que celle-ci devrait se dérouler en bonne partie à Las Vegas, bien loin de l'État de Washington, théâtre originel de l'intrigue. Début 2016, on parlait des apparitions au générique de Naomi Watts, Monica Bellucci, Jennifer Jason Leigh, ou encore de Tim Roth.

The Wire & Co, une nouvelle pulp fiction

Diffusée de 1999 à 2007 sur la chaîne américaine HBO (Home Box Office, qui diffuse la plus grande partie des séries phares qui ont vu le jour depuis la fin du siècle dernier), la saga *Les Soprano* rénova la grammaire du genre. S'attaquant à un thème privilégié du cinéma US (la mafia), son histoire, ses personnages et les intrigues étaient suffisamment puissants pour dépasser le polar, et offrir un portrait en coupe des classes moyennes des banlieues proprettes, de la société de consommation, du matérialisme et de la réussite sociale. C'était aussi une histoire familiale, portée par le personnage de Tony Soprano, père mafieux en proie à la dépression. La comédie dramatique sut subvertir les codes du genre tout en se situant dans la lignée du cinéma de Scorsese, Coppola et De Palma. Elle révéla aussi son acteur principal, James Gandolfini, mort en 2013. Enfin, et ce n'est pas la moindre de ses dimensions pop, *Les Soprano* étaient portés par une bande-son originale aussi éclectique, justement, que la pop : Eurythmics, Bruce Springsteen, les Stones ou Frank Sinatra, notamment.

Également diffusée sur HBO, de juin 2002 à mars 2008, *The Wire* est communément reconnue comme la meilleure série de tous les temps (pour ma part, je la mets à égalité avec *Twin Peaks*). Elle réunit en effet les caractéristiques qui ont fait le succès des deux séries citées plus haut. Créée par David Simon (journaliste, scénariste et auteur) et Ed Burns, ancien officier des départements narcotiques et homicides de la police de Baltimore devenu auteur, elle demeure à jamais le modèle ultime de l'œuvre ultraréaliste, engagée politiquement, novatrice en termes de réflexion sociale et urbaine, doublée d'une puissance d'incarnation ahurissante des comédiens, d'une richesse dramatique rarissime, et d'une bande-son (blues, hip-hop, R'n'B) en or. Ses cinq saisons racontent la criminalité dans la ville de Baltimore : recyclage de l'argent sale dans le secteur de l'immobilier, corruption politicienne, obsession du chiffre dans la police, réalité des prisons… *The Wire* (titre français : *Sur écoute*) doit son nom aux systèmes d'écoutes téléphoniques qui sont au centre des méthodes d'investigation policières.

Pour restituer au mieux la réalité, des sociologues et des anthropologues urbains participèrent à la rédaction des scénarios. Lesquels furent, pour certains, écrits par trois grands écrivains américains : Richard Price, George Pelecanos et Dennis Lehane, auteurs de romans noirs. D'une efficacité inégalée quant au maillage de la réalité documentaire et de la fiction, elle sut, comme *Twin Peaks,* se démarquer de la production télé habituelle par son exigence et sa lenteur narrative. Ses audiences furent à ses débuts confidentielles. On ne dut ces cinq saisons qu'à la bienveillance d'une chaîne câblée, HBO donc, dont le modèle économique permit ce genre de production (même à 50 millions de dollars par an). Le succès se bâtit autrement : grâce au téléchargement et à la distribution des DVD. Son retentissement aux États-Unis fut moindre, alors qu'en Europe elle devint un modèle, pour regagner ensuite l'estime du public américain.

À juste titre, *The Wire* est considérée comme une série télé… littéraire. Non seulement en raison de la participation de Lehane, Price et Pelecanos, mais surtout grâce à la façon dont s'enchaînent les cinq saisons. La première se concentre sur les luttes entre la police et les gangs de drogue dans l'ouest de la ville, en adoptant les deux points de vue. La suivante se déroule dans le port, mettant en lumière la contrebande de marchandises mais aussi l'activité syndicale des dockers parfois corrompus. La troisième porte sur le recyclage de l'argent sale, sur les luttes politiques et les guerres internes dans la police ; la quatrième sur les élections et sur le système éducatif de la ville. La cinquième et dernière voyait le tout selon les médias de la ville. Les destins des personnages, nombreux, s'immisçaient dans ces trames. *The Wire*, c'est autant un reportage qu'un grand roman urbain.

On peut en dire de même, d'ailleurs, pour les séries que Simon créera par la suite (mais sans Burns) : *Treme* (quatre saisons entre 2010 et 2013) sur la ville de La Nouvelle-Orléans après l'ouragan Katrina, ou *Show Me A Hero* (2015, une saison à ce jour). *The Wire* fut une transition, un levier, établissant un nouveau rapport à la consommation des séries, lesquelles allaient se démultiplier, fouillant tous les genres possibles, et générant des campagnes de promotion de plus en plus orchestrées, et des œuvres toujours plus addictives.

Twin Peaks, X-Files, Les Soprano, 24 Heures chrono, Six Feet Under furent des séries marquantes, voire majeures, qui nous firent oublier le sommeil et retrouver le plaisir d'avoir une télévision. Depuis la fin des années deux mille, pas une semaine ne passe sans qu'apparaisse une nouvelle série : *Rome, Les Borgia, True Detective, Girl*s, *Mad Men, Boardwalk Empire, Game of Thrones, The Newroom, Braquo, Sex and the City, À la Maison-Blanche, Homeland, Scandal, House of Cards, Treme* et autres *Justified*. Désormais, les séries sont de formidables laboratoires d'écriture et de narration. Au carrefour du roman-feuilleton, du page turner, de la série B, souvent très bien écrites, aux esthétiques diverses, elles sont devenues la nouvelle littérature populaire, la nouvelle pulp fiction.

DÉTROIT

« Offre maison remise à neuf dans une ville sinistrée contre travail d'écriture de deux ans minimum », pouvait-on lire dans la presse locale de Détroit (Michigan) en décembre 2013. La petite annonce fut concoctée par un écrivain, Toby Barlow, et une association, Write a House. L'objectif : redynamiser la ville, redorer son image, et refonder sa communauté littéraire. Détroit, ainsi, cherchait des écrivains. Mais que s'était-il donc passé ?

Le 18 juillet de cette même année, Détroit était devenu la première grande ville américaine à demander officiellement sa mise en faillite. Une banqueroute due à la crise de l'industrie automobile trente ans plus tôt et, plus récemment, à la grande crise financière mondiale de 2008. La ville repassa sous la barre des 700 000 habitants, après en avoir compté 1,5 million dans les années quatre-vingt. Des dizaines de théâtres, d'hôpitaux, de cinémas, de lieux de culte, de maisons, voire des rues entières, étaient à l'abandon. Mais, malgré la faillite, Détroit recommençait à s'activer, et comptait bien le faire savoir. Le raconter.

Détroit est la ville où le regretté Elmore Leonard passa son enfance. Mort à la fin d'août de l'année 2013, à l'âge de quatre-vingt-sept ans, il fut l'une des plus fines gâchettes du western, du roman d'action et du polar moderne. *Jackie Brown* (1997) est l'adaptation de son roman *Rum Punch (Punch créole),* paru en 1992. Lauréat du National Book Award en 2012 pour l'ensemble de son œuvre (45 romans et 6 recueils de nouvelles traduits en France), « Dutch », comme on le surnommait, publia dans les années cinquante ses premiers westerns dans des pulps. Il fut l'un des précurseurs du western antiraciste (le genre glorifiait alors la conquête de l'Ouest par les Blancs, et les Indiens y étaient souvent des archétypes de sauvages). Il devint ensuite un auteur de romans policiers au style minimaliste, truffés d'ironie et de dialogues à la serpe, qui sont un modèle d'écriture littéraire.

Nombreuses sont ses œuvres qui furent adaptées à l'écran : *Hombre* par Martin Ritt en 1967, *Cat Chaser* par Abel Ferrara en 1989, *Get Shorty* par Barry Sonnenfeld en 1995, *Out of Sight* en 1998 par Steven Soderbergh, *Be Cool* en 2005, en plus du film de Tarantino cité plus haut. Sans compter *Pronto*, adapté (et même prolongé) en série sous le titre *Justified* (six saisons entre 2010 et 2015). Naviguant des pulps aux séries télé modernes, multipliant les supports et les genres, Elmore Leonard est l'un des grands écrivains pop. Et Détroit, sa ville, si elle est moins connue que New York, Los Angeles, San Francisco, Dallas ou Chicago, n'en demeure pas moins l'un des lieux fondateurs de la pop culture US.

Son histoire épouse celle de l'Amérique moderne. Fondée en 1701 par le Français Antoine de Lamothe-Cadillac, la ville devint britannique en 1763, après une âpre guerre qui opposa la Couronne à l'alliance de nations amérindiennes (Outaouais, Ojibwés, Potawatomis et Hurons) commandée par le chef outaouais Pontiac. Elle est américaine depuis 1796. Cent ans plus tard, Détroit était le fief de l'industrie automobile : Pontiac et Cadillac donnèrent leur patronyme à des marques de voitures, et la ville fut, au XXe siècle, surnommée « Motor City », abritant les usines Ford, Chrysler, Dodge, Packard et General Motors.

La « grande migration » des Afro-Américains, entre 1910 et 1930, qui engendra la formation des premières communautés noires urbaines dans le nord et dans l'est du pays, fit de Détroit la première ville à majorité afro-américaine en 1970. Trois ans auparavant, le 23 juillet 1967, les habitants blancs avaient fui en masse lors des événements connus sous le nom de « l'émeute ». Ce jour-là, la ville fut secouée par un soulèvement qui embrasa les quartiers pauvres. Révoltés par leurs conditions de vie, de nombreux habitants éclatèrent les vitrines des magasins de la 12e Rue aux cris de « shopping for free ». Ce fut l'un des événements les plus sanglants de l'histoire américaine (43 morts et 467 blessés). Les Afro-Américains allaient devenir la population majoritaire de la ville, qui, en 1973, élut son premier maire noir, Coleman Young.

Auparavant, Motor City était devenu « Motown City », du nom du label musical fondé en 1959 par un éphémère employé des usines Ford, Berry Gordy, également boxeur et disquaire. Il arrêta d'assembler des moteurs à deux temps pour, grâce à un emprunt de 800 dollars à sa famille, créer un nouveau son : la soul. Et un nouveau nom :

Motown = motor + town.

Dès 1959, le label produisait un premier tube, *Money (That's What I Want),* de Barrett Strong. C'est ensuite dans une usine que fut tourné le premier clip soul, en 1965 : *Nowhere to Run,* de Martha & The Vandellas. En soul music, tout se passait à Détroit, et c'est ainsi que les plus grands du genre y firent leurs débuts : The Supremes, Diana Ross, Marvin Gaye, les cinq frères Jackson, Stevie Wonder. La profession de foi affichée au fronton du garage transformé en bureaux et studios d'enregistrement des labels Motown était sans ambiguïté : Hitsville USA. Une ville-fabrique de hits.

En 1969, Détroit devint le berceau mondial du punk, qui revendiquait de faire autant de bruit qu'un moteur : MC 5 et les Stooges, originaires de cette ville, en furent les pionniers. Dans les années quatre-vingt-dix, elle devint le berceau d'une autre culture musicale, la techno. Puis ce fut au tour du rock abrasif du duo The White Stripes. En 1996 y perça celui qui, en dix ans, s'imposa comme la première mégastar blanche de la musique noire des temps modernes, le rap : Eminem, né dans le Missouri en 1972, arrivé à Détroit quand il avait dix ans. Son rap politiquement incorrect, anar de droite, comme on dirait en France, en fit le représentant de ce que les universitaires appellent le « poor White trash » américain (le sous-prolétariat blanc, dragué par les ultraconservateurs), lequel fut l'un des gros pourvoyeurs de voix pour Donald Trump lors de sa victoire à l'élection présidentielle du 8 novembre 2016.

Détroit a beaucoup donné. Pendant longtemps. Et avec bien peu de moyens. Dépourvue de charme, la ville traîne une mauvaise réputation depuis les années soixante et les émeutes. Dans les années quatre-vingt, elle gagna le surnom de « Murder City », considérée comme la capitale des homicides aux États-Unis (une moyenne annuelle de 43,7 meurtres pour 100 000 personnes, selon le magazine *Forbes*). Ce qui explique peut-être que, lorsqu'il lui fallut trouver une ville où faire évoluer son *Robocop*, c'est à Détroit que le réalisateur Paul Verhoeven l'envoya.

Lors de la crise de 2008, la ville s'est vidée de ses habitants. Mais aujourd'hui elle s'est ressaisie : jardins ouvriers en plein centre, commerces équitables, bios et participatifs... Motor City a changé d'énergie. Ville de moteurs, vivier de trois cultures musicales, berceau d'Elmore Leonard, Détroit incarne la pop. Le sort s'est abattu sur elle, mais sa nouvelle énergie racontera et bâtira assurément quelques pistes pour le monde de demain.

La pop culture arrive au 2.0

Débarrassée d'un grand nombre de tics de télévision, dotée d'une grande densité artistique, politique et culturelle, *The Wire* représenta (s'aperçut-on quelques années après) un marqueur dans la consommation de séries par le public. Elle était l'enfant d'une télé qui pensait… au-delà de la télé. Grâce à Internet, les séries ne sont plus tributaires de la diffusion hebdomadaire, elles bénéficient de l'effet de longue traîne, grâce aux VOD et autres téléchargements. Elles signaient un pacte implicite et inédit avec le public : soit on regarde lors de la diffusion, soit on loue en VOD, soit on télécharge illégalement – en France, certains hébergeurs, plateformes de téléchargement ou de streaming finiront par être interdits par la loi Hadopi en 2009, mais les téléchargements illégaux seront malgré tout accessibles pour de nombreux geeks, notamment sur les sites Rapidshare, MegaUpload ou Mediafire.

Aujourd'hui, peu de gens regardent une série lors de sa diffusion télé. La plupart d'entre nous la visionnent en Replay, ou en VOD. Les chaînes ne s'y trompent pas, comme l'illustre le cas de Canal + en France : dès la diffusion du premier épisode d'une nouvelle série (ou de la nouvelle saison d'une série déjà connue), la chaîne donne l'accès à la saison entière sur l'option « à la demande ». Aujourd'hui, tous ceux qui consomment des séries pensent à Netflix, sept lettres qui font claquer des dents l'industrie du cinéma comme celle des télés à péage.

Fondée en 1997 par Wilmot Reed Hastings Jr., Netflix était à l'origine une start-up spécialisée en location illimitée de DVD sur Internet, devenue en 2010 une plateforme Web proposant des films et des séries en flux continu. Près de vingt ans après sa création, c'est un business model à part entière. Netflix produit et diffuse des séries inédites (entre autres et pour les plus connues : *Orange Is the New Black, Marco Polo, House of Cards, Marseille, Longmire, Narcos, The Get Down*). Son siège est situé à Los Gatos (Californie), mais la firme est implantée en Amérique du Nord et du Sud, ainsi que dans certains pays d'Europe (Portugal, Danemark, Finlande, Suisse, Irlande, Pays-Bas, Norvège, Suède, Royaume-Uni, France, Belgique, Allemagne, Luxembourg, Italie, Espagne, Grèce). En janvier 2016, le groupe revendiquait 70,8 millions d'utilisateurs. C'est une success story américaine, avec un ADN geek et ultracapitaliste identique à celui de Facebook ou d'Uber.

La décennie deux mille dix a vu la culture pop devenir connectée, se transformant en une culture geek. Cette dernière, auparavant apanage des informaticiens et autres programmateurs (ou pirates), influence les comportements, étant devenue un mode de vie autant que de consommation, un univers fait d'algorithmes, de gestion de flux, de séries triomphantes, quelque part entre l'entertainment et l'inconnu du monde 3.0. Les jeux vidéo et la culture japonaise sont à l'origine de cette mutation, augmentée par la dématérialisation des contenus, destinés à être transférés sur tout type de supports. Pouvoir télécharger un livre sur la route, le lire dans le métro, visionner une saison le temps d'un aller-retour entre Paris et Marseille, télécharger et écouter un album à l'heure H de sa sortie mondiale, tout en ayant partagé des avis et recommandations avec sa communauté d'amis sur les réseaux : c'était le rêve de l'industrie culturelle, le rêve aussi de tous les fans. Cet univers « connecting people » est à présent une réalité.

Dans les années quatre-vingt-dix, la musique techno avait montré qu'en termes de pop culture l'Amérique n'avait plus l'apanage de la nouveauté. Avec le soft power asiatique, le début du XXIe siècle signa, lui, le fait que « globalisation » ne rimait plus avec « américanisation ». Cette décennie vit aussi le passage du modem 56 K à la fibre et à la 4 G. On la commença avec un téléphone qui téléphonait, et on l'achève avec un smartphone qui contient toutes les données de notre vie quotidienne, et sur lequel on regarde aussi bien un film que le temps qu'il fera demain. La pop culture n'en finit pas de se transformer. Les années suivantes allaient être celles de la quête de sens, à trouver quelque part entre hier (la pop, c'est la nostalgie, c'est l'art du revival et recyclage perpétuel) et demain (la pop invente et s'en sort toujours).

2010-2020
La pop entre rétromania triomphante et réalité augmentée

Il est une forme de nostalgie qu'on appelle le « rebond de la double décennie ». C'est un phénomène qui veut que, cycliquement, naisse un regain d'intérêt pour ce qui se faisait vingt ans plus tôt. Les années deux mille virent ainsi un come-back des eighties, mais il touchait principalement le domaine de la variété musicale. En cette décennie deux mille dix, les années quatre-vingt-dix ont la côte, à travers le retour de certains héros, artistes ou figures iconiques d'alors. C'est, nous l'avons vu au chapitre précédent, la troisième saison annoncée de la mythique série *Twin Peaks*, c'est aussi le retour de *X-Files* à l'hiver 2016. Au printemps de la même année furent publiés des rééditions et des inédits de Doc Gynéco, Violent Femmes, Primal Scream, Phil Collins – des reboots, salutaires pour certains, ni faits ni à faire pour d'autres.

Comme si, face à la tragédie des réfugiés (les « migrants »), face au terrorisme, aux multiples replis nationalistes, à la financiarisation de tous les secteurs d'activité ou encore au réchauffement climatique, nous avions abandonné l'idée d'inventer pour le futur. Nous ignorons quel monde sera le nôtre dans quelques décennies, et s'il sera vivable. Pourtant, l'humanité n'a jamais produit autant de richesses ni autant d'outils toujours plus innovants, notamment des appareils facilitant la communication entre les individus et l'accès à l'information ou à la culture. Des technologies qui, aussi, réduisent la distance entre réel et virtuel.

Nous sommes habitués au monde 2.0, celui de la rapidité et de la transparence. Le monde 3.0 qui s'annonce promet la symbiose de la réalité et de la fiction. C'est la réalité augmentée, autrement dit l'incrustation dans notre perception du réel, via des systèmes informatiques, d'un objet virtuel, en 2 D ou 3 D. C'est *Pokémon Go*, ou encore tous les jeux vidéo dernier cri. Pour la pop culture, c'est la fin d'une époque, et le début d'une autre. La décennie deux mille dix est donc celle du bilan.

La pop, un patrimoine qui rétropédale

Les termes « pop culture » sont aujourd'hui une sorte de label qui fait l'unanimité, une valeur refuge en nos temps de crise. Depuis quelques années, le moindre truc « cool » se voit affublée du qualificatif « pop », ce précisément parce qu'il est cool, moderne, qu'il a l'air un peu rebelle, et que son auteur est en une des magazines branchés ou sur les plateaux télé considérés comme tels (Canal + et les chaînes de son bouquet). Sa modernité s'est donc teintée d'une certaine nostalgie. C'est que la pop est surtout tournée vers ses propres (bons) souvenirs, qu'elle recycle pour leur donner l'aspect du rétro politiquement correct.

Sur cet esprit vintage sont nées, il faut le souligner, quelques merveilles : résurgence garage punk des White Stripes, soul millésimée d'Amy Whinehouse, pop synthé de Lady Gaga ou de Lana Del Rey. Aux différents « re » déjà identifiés dans l'industrie musicale (remakes, revivals, reprises, réinterprétations) s'est superposé un phénomène que le journaliste britannique Simon Reynolds a nommé *Retromania* (titre de son ouvrage publié en 2012). La rétromania, tout comme le « rebond » décrit plus haut (encore un « re »), touche particulièrement le secteur musical – y compris les supports : le disque vinyle est revenu au goût du jour. Mais on l'observe également dans la mode et le design.

La pop culture est ainsi obsédée par son propre passé. L'éternel retour des superhéros comics dans des superproductions hollywoodiennes en témoigne lui aussi. En ce début de XXIe siècle, tout le monde est connecté et a accès à la mémoire du monde. Cette monumentale collection d'archives est une réserve d'idées pour créer, mais aussi un endroit de récupération. La pop, dans une rétrospective perpétuelle, chante et danse sa propre grandeur passée.

Le triomphe du « cool »

L'autocélébration de la culture pop est le symbole d'un monde occidental où métropoles et capitales se sont gentrifiées en vingt ans. S'il convient de dénoncer l'augmentation du coût de la vie qui a accompagné cette gentrification (immobilier, biens de consommation, notamment), ainsi que la fermeture (en particulier à Paris) de squats d'artistes – qui auraient pu profiter de la gentrification – on peut se réjouir que moult entrepôts ou anciens ateliers soient devenus des lieux de vie, des cafés, des salles de concert, des restaurants (c'est le cas notamment à Zurich, à Berlin ou, il fut un temps, à Marseille et à Genève). On remarquera, en France notamment, que la quasi-totalité de ces endroits ont privilégié une décoration vintage (sixties, seventies ou eighties), et qu'ils font la part belle à la culture.

Néanmoins, on le sait, cette gentrification a exclu de certains espaces les classes les plus populaires, au profit d'une classe moyenne légèrement plus aisée. Dans les années deux mille dix, la pop culture est devenue le repère de cette classe-là, et est en passe d'être récupérée par les

CSP + (les catégories socioprofessionnelles supérieures), qui jusqu'alors ne consommaient que de l'hyperluxe. Nous sommes entrés dans une époque hybride, où les classes moyennes veulent posséder les mêmes choses que les riches. Car ce n'est plus tant la rareté, donc la cherté, d'un produit qui fait qu'on se l'arrache, mais sa « coolitude ».

C'est pourquoi une partie du « public » actuel favorise une pop mainstream et consumériste, certes évidée de tout message politique : le tube de Pink Martini *Je ne veux pas travailler,* au début des années deux mille, a tous les ingrédients du « cool » (montage sonore chiadé, mélopée moderne), mais célèbre une langueur artificielle, tout en racontant un dépit amoureux, qui rapproche le morceau des livres de Marguerite Duras ou des films d'Éric Rohmer, durant les années quatre-vingt. Interprété par un groupe punk à la fin des seventies, c'eût été subversif. Un tel morceau joué en hip-hop ou façon rock alternatif, c'eût pu être situationniste. Par Pink Martini, c'est « cool ».

Le public visé aime tout et son contraire pourvu que ce soit « cool » : les films de Sofia Coppola, le street art de Banksy, le rock d'Oasis ou le R'n'B de Rihanna, ou encore les (bonnes) émissions télé de Yann Barthès, à peu près toutes les séries télé et le ciné de série B. Dans le champ médiatico-culturel et le show-business, Michel Denisot, Antoine de Caunes, JoeyStarr, Kanye West, David Beckham, Britney Spears, Sylvester Stallone, Martin Scorsese, Michel Houellebecq, Iggy Pop ou Beyoncé sont aussi pop les uns que les autres.

À travers ce triomphe du « cool », c'est toute la pop culture qui se trouve galvaudée. Logique, en somme, puisque cette pop, qui fut subversive, est à présent devenue mainstream et globale.

Si la pop se complait dans le rétro, elle n'en a pas moins conservé son dynamisme, car les relations entre pop mainstream et pop underground sont bien plus importantes qu'avant.

Les Pussy Riots en sont l'un des exemples les plus frappants. Mondialement célèbres, elles n'en demeurent pas moins surveillées et parfois pourchassées par le pouvoir de leur propre pays, la Russie. Rappelons qu'à la suite d'un happening (une « prière punk »), en mars 2012, dans la cathédrale orthodoxe du Christ-Sauveur à Moscou, trois d'entre elles furent condamnées à deux ans de camp de travail (Ekaterina Samoutsevitch fut libérée en septembre 2012, Nadejda Tolokonnikova et Maria Alekhina en décembre 2013). Cet activisme féministe et punk, dans la Russie autocratique, libérale et nationaliste de Poutine, démontre que la pop demeure engagée.

Peoplisation et guerre de divas

À l'instar de nombreux domaines, la pop culture s'est « peoplisée ». La combinaison de storytellings (dont usent aussi nos gouvernants), d'instruments de socialisation numériques (nous sommes nombreux à utiliser plusieurs réseaux sociaux à la fois, en général Twitter, Facebook et Instagram), et du savoir-faire des industries musicales a engendré, en ces années deux mille dix, des stars qui, chacune dans son genre, communiquent abondamment sur leur image et leur histoire. Rihanna et Beyoncé, les deux mégastars de la pop culture actuelle, maîtrisent parfaitement l'internet 2.0 et en utilisent toutes les ressources pour mettre en avant leur communication people autant que leur dimension artistique.

La seconde, née à Houston (Texas) en 1981, est un pur produit des girls bands de la décennie quatre-vingt-dix : son groupe, Destiny's Child, écoula 65 millions de disques entre 1990 et 2006. Elle se lança dans une carrière solo en 2003, avec l'album *Dangerously in Love*, et notamment les singles *Crazy in Love, Baby Boy* et *Naughty Girl*. Onze millions d'albums vendus de par le monde (dont quatre millions aux États-Unis) et cinq Grammy Awards glanés cette année-là : le phénomène était lancé. Oscillant entre soul, hip-hop, R'n'B et funk, la chanteuse est à elle seule une synthèse de la Great Black Music. En six albums solo, elle a vendu plus de 170 millions de disques. En 2010, le magazine américain *Forbes* la classait à la deuxième place des cent célébrités les plus puissantes et influentes dans le monde. Quatre ans après, elle atteignait la première place. Le 21 janvier 2013, elle chantait l'hymne national lors de la seconde investiture du président Obama, lequel n'a jamais caché son admiration pour elle. Bombe sexuelle, icône black, cette Texane aux ascendances louisianaises, amérindiennes et françaises a su politiser son message dans son sixième album, *Lemonade* (2016), qui revendiquait sa culture créole et son physique africain. « J'aime mon nez nègre et ses narines à la Jackson Five », clamait-elle dans le single *Formation*.

Les concerts de Beyoncé sont dignes d'un blockbuster hollywoodien, additionnant les scènes, les panneaux, les décors et… les postures, car la mégastar joue de sa plastique avantageuse, de ses mouvements suggestifs. Elle a fait de la publicité pour des marques comme Coca-Cola ou L'Oréal, ainsi que pour les créateurs de mode Tommy Hilfiger et Giorgio Armani. Mariée avec le rappeur et producteur Jay Z, autre big star américaine, elle n'a cependant pas hésité à évoquer leur vie intime dans certains textes. S'engageant régulièrement sur les terrains féministe ou caritatif, mais aussi contre les violences policières à l'encontre des Noirs aux USA, Beyoncé demeure une reine du business et du show. C'est ainsi qu'elle est devenue la figure la plus connue de la pop culture actuelle.

Sa rivale est elle aussi une icône black, et une héritière directe de la Great Black Music – bien que pratiquant une musique plus dance. À vingt-huit ans, Rihanna totalise huit albums en dix ans de présence, pour 200 millions de disques vendus. Se partageant la place de « meilleure artiste pop » avec Beyoncé, faisant danser les fêtards du monde entier depuis 2007 avec son tube *Umbrella*, la native de la Barbade fut en 2015 l'artiste la plus visionnée sur YouTube, avec plus de 6 milliards de vues. Outre ce record, la chanteuse devint au même moment la première artiste de l'histoire à franchir le cap des 100 millions de ventes numériques aux États-Unis. Et, en 2016, la première à détrôner les Beatles en nombre de semaines passées en tête des charts US, avec soixante semaines de présence cumulées.

Début 2015, elle chanta d'ailleurs avec l'ex-Fab Four Paul McCartney et le rappeur Kanye West (encore une superstar) sur le morceau *Four Five Seconds*. Jay Z ou Eminem enregistrèrent également des singles avec elle. Nullement engagée dans ses textes, Rihanna l'est à travers une association qu'elle a fondée, Believe, qui finance des programmes d'aide médicale et éducative, revendiquant notamment la guérison de dix mille personnes par an grâce à des greffes de moelle osseuse. Plus people encore que sa rivale (elle fit tourner, entre autres têtes, celles de Leonardo DiCaprio, Chris Brown ou... Karim Benzema), elle est aussi active dans les milieux de la mode et du luxe.

Cette lutte de divas entre les deux femmes ne doit pas occulter d'autres figures qui, comme elles, sont au carrefour de la musique, du show-business et du storytelling : Lady Gaga (la plus excentrique), Lana Del Rey (de loin la plus intéressante par l'esthétique de sa musique comme de ses clips), Britney Spears (cette conservatrice revendiquée, qui embrassa à pleine bouche Madonna lors des

MTV Video Music Awards en 2003, avant d'enchaîner les cures de désintox).

Directement enracinées dans l'histoire de la pop, incarnant le rétro vintage (Lana Del Rey) ou une certaine Blaxploitation mondialisée (Rihanna et Beyoncé), ces cinq femmes, à l'instar de leur musique elle-même, signent, comme Tarantino au cinéma, la place de plus en plus importante que prend la pop culture dans notre inconscient collectif.

De Lara Croft à *Pokémon Go*, et du jeu vidéo à la réalité augmentée

Changeons complètement de registre, pour aborder un domaine que nous n'avons encore qu'à peine approché : les jeux vidéo. Il ne s'agit pas d'une composante de base de l'ADN pop, mais, depuis trente ans, leur influence sur la culture de masse (mangas, films d'animation, design) en a fait un secteur essentiel, qui participe de l'élaboration d'un monde 3.0, celui de la réalité augmentée, où réel et virtuel ne font qu'un. Car il est loin, le temps des jeux électroniques et des consoles Atari, ces *Pac-Man*, *Donkey Kong* et autres *Mario Bros*, de ces mosaïques multicolores flashy qui évoquaient autant le pop art que des expériences sous LSD. Ces univers seront ensuite transférés sur consoles, Game Boy, Xbox et autres PlayStation, avec une définition d'image de plus en plus haute.

C'est durant les années deux mille que le jeu vidéo se popularisa en tant que divertissement. Qu'il soit de courses de voiture, de guerres, de chasses, de superhéros ou de vaisseaux spatiaux, il est devenu l'occupation principale des collégiens et lycéens qui rentrent de cours, là où, auparavant, on regardait un dessin animé, un film ou une série. En 2013, il générait 73 milliards de dollars de chiffre d'affaires, loin, très loin, devant l'industrie du cinéma.

C'est, d'ailleurs, en partie pour cette raison que les studios de cinéma américains produisent depuis quinze ans un nombre croissant d'adaptations de... jeux vidéo : citons le cultissime *Super Mario Bros, Prince Of Persia, Dragon, Mortal Kombat, Street Fighter, Resident Evil, Tomb Raider* (ah, la belle Lara Croft interprétée par la tout aussi belle Angelina Jolie...), *Hitman, Tekken, Max Payne, Alone In The Dark, Doom, Final Fantasy*... Sur le plan purement visuel, le résultat est époustouflant grâce aux effets spéciaux, à la 3 D, aux décors virtuels, ou encore à la motion capture et autres nouvelles technologies. En revanche, le bât blesse du côté de l'histoire proprement dite : le jeu vidéo, c'est ainsi qu'il entre dans le champ de la pop, est une narration spécifique, où le scénario doit se laisser contraindre par l'interactivité avec le joueur. Difficile, donc, à « traduire », autrement dit figer, sur grand écran. Si la plupart de ces titres demeurent plus connus dans leur version « game » que cinématographique, cette nouvelle hybridation représente une opportunité supplémentaire dans le merchandising d'un film – le film devenant le produit dérivé du jeu d'origine.

On notera que le procédé inverse, des films de ciné devenus « films à jouer », existe depuis longtemps, mais se solde plus souvent par un échec public et artistique : par exemple, en 1975, le jeu *Shark Jaws*, inventé par Atari, inspiré du premier opus de *Jaws (Les Dents de la mer)*, de Steven Spielberg. Souvent conçus à la va-vite pour sortir en même temps que le film et accompagner la promotion de ce dernier, ces jeux furent décriés, car aucun test ne pouvait être réalisé dans les temps, et les bugs étaient nombreux – outre le graphisme, qui reproduit celui de l'œuvre cinématographique sans aucune valeur ajoutée, et des possibilités de jouabilité extrêmement réduites. On sera étonné d'apprendre que des films comme *Avatar, Bienvenue chez les Chti's* (sorti sur Nintendo DS) ou *Les Visiteurs* (sur PlayStation et PC en 2001) ont ainsi été transposés, et ont tous fait un flop en version jeu vidéo. Quelques succès, datant majoritairement des années quatre-vingt-dix, sont malgré tout à signaler : *Dune* (PC, 1992), *Aladdin* (Nintendo, 1993), *La Famille Adams* (1992), *Golden Eye 007* (un James Bond sorti sur Nintendo en 1997), *Star Wars : Rogue Squadron II – Rogue Leader* (Game Cube, 2002). Depuis, et malgré des résultats mitigés, l'industrie du cinéma poursuit cette pratique, profitant de la manne financière que représente l'industrie vidéoludique pour rentabiliser au mieux des films à gros budget.

Par ailleurs, les jeux vidéo modernes sont devenus de véritables films : scénarios élaborés, graphisme époustouflant, bande-son étudiée comme au ciné et... vrais acteurs allant jusqu'à prêter leur image à des personnages ! Exemple parmi d'autres : la Canadienne Ellen Page et l'Américain Willem Dafoe, « numérisés » dans *Beyond : Two Souls*, du Français David Cage, en 2013, sortaient ce médium de l'horizon exclusif des gamers. Dans une interview au mensuel *Technikart*, en novembre 2013, Cage revendiquait ainsi son travail : « Aujourd'hui, l'identité du jeu, c'est comme le cinéma US avant la révolution du Nouvel Hollywood. Pas d'auteurs, que des studios. »

Cette priorité au studio résonne avec le travail des producteurs de l'indie pop anglaise dans les années quatre-vingt. Elle constitue aussi une nouvelle étape vers la réalité augmentée, dont la dernière trouvaille fit des milliers d'adeptes à l'été 2016. Le tsunami *Pokémon Go* a en effet déferlé sur la planète. En soi, ce phénomène de société n'est pas à proprement parler pop, mais il découle de cette culture. Les Pokémons sont en effet des créatures ayant vu le jour dans le jeu vidéo du même nom, sorti en 1996 sur Game Boy, puis en dessin animé en 1999. Pikachu, Evoli, Voltali, Bulbizarre et tous les autres petits monstres inventés par Nintendo sont des sortes de minisuperhéros, disposant chacun d'une capacité particulière (maîtriser l'électricité, l'eau, le feu…). C'est Niantic, une start-up basée à San Francisco, qui a conçu et lancé l'application pour smartphone *Pokémon Go*, dans le but d'élargir le public de la marque. Une fois téléchargée, l'application emmène son propriétaire dans un monde virtuel, où des créatures, les Pokémons, évoluent dans l'environnement du joueur, et ce, en temps réel. Le système utilise le GPS et l'appareil photo du smartphone pour projeter des Pokémons à l'écran de façon aléatoire. Le but ? Tous les attraper.

Sorti le 5 juillet aux États-Unis, le 24 en France, puis dans plus de cent pays, le jeu avait été téléchargé cent millions de fois dès le 8 août (chiffres communiqués par Apple). On vit des gens « pokémoner » au volant, en marchant, ou en faisant leurs courses. Sur des terrains d'opérations, des militaires furent surpris en train de chasser le Pokémon plutôt que de protéger leur base. En Iran, en Arabie saoudite et en Malaisie, des dignitaires musulmans interdirent le jeu. Aux États-Unis, certaines voies étaient bordées de panneaux signalant « *Don't drive and Pokémon* » (« Ne jouez pas au Pokémon en roulant »). A contrario, on observa aussi, notamment dans les zones urbaines ou touristiques très fréquentées l'été, que les gens mettaient davantage le nez dehors, pour chasser les petits monstres. Certains y virent un supplément de lien social. En Ardèche, un groupe de joueurs partis chasser le Pokémon dans la nature se retrouva nez à nez avec une femme désorientée, dont il s'avéra après vérification qu'elle était recherchée par la gendarmerie locale. Plus macabre : au Wyoming, une Américaine de dix-neuf ans, Shayla Wiggins, poursuivait des Pokémons au bord d'une rivière lorsqu'elle tomba sur un cadavre.

À l'heure où ces lignes sont écrites, personne au monde n'est encore parvenu à capturer les 145 Pokémons inventés par Niantic. Le concepteur décidera du moment où il voudra en lâcher d'autres, toujours plus puissants. Par les records et les faits divers saugrenus qu'elle provoque, cette appli pousse le concept de réalité augmentée jusqu'à un point encore jamais atteint. Ce, dans une frénésie qui évoque plus la volonté d'échapper au monde que de s'y divertir. Plus qu'un jeu, c'est une hallucination. *Pokémon Go* est un asservissement cérébral, dont l'unique avantage sur d'autres abrutissements organisés (téléréalité, télé-achat, etc.) est de faire sortir les gamers dans la rue, et non de les enfermer chez eux ou en salle de jeux.

Facebookisation, 3.0, 360 degrés : une certaine influence de la pop

Depuis les années soixante et l'avènement de la société de consommation, et plus encore depuis les années quatre-vingt et la multiplication des supports audiovisuels, la technologie est un instrument essentiel de la pop culture. Désormais, l'heure est à la dématérialisation, à l'interactivité, à la multiplication des supports. L'homme vit en contact avec le vivant et l'environnement, mais il devra aussi composer avec des Pokémons, des hologrammes et des algorithmes, voire des « intelligences artificielles ». Dans ce monde de la réalité augmentée qui vient, la pop culture a son rôle à jouer, parce qu'elle rassemble les masses – elle constitue notre inconscient collectif – et sait être une contre-culture. Elle est globale

– ce qu'a fort bien compris l'État islamique, qui utilise, dans sa propagande sur les réseaux sociaux, moult références issues de la culture pop, principalement les films d'horreur hollywoodiens et de série B). Ainsi, contrer et combattre la propagande de Daech passera aussi par une solide connaissance de la pop culture…

Depuis le passage au Web 2.0, dont l'économie repose justement sur la publicité et la pratique sur le partage et la notion de participatif, l'on rechigne à payer pour avoir accès à l'information et à la culture. L'industrie musicale y a perdu la moitié de ses revenus, celles du cinéma et de la presse (écrite comme audiovisuelle) sont en mort clinique, le secteur du livre survit vaguement, et la télé a laissé sa place de média dominant au Web.

La vie 3.0 qui s'annonce sera, assurément, un univers où un seul objet connecté remplira les fonctions actuelles de nos tablettes, smartphones, téléviseurs, cartes de crédit et passeports, avec des casques de réalité virtuelle et autres Google Glass comme assistants personnels.

Regarder des images défiler sur un écran semblera bientôt démodé. Aussi, après avoir exploré toutes les facettes de la 3 D, les géants de l'audiovisuel et du numérique ont considérablement élargi leur champ de vision avec la vidéo à 360 degrés. Plus encore que *voir*, elle permet au téléspectateur de *vivre* une scène comme s'il était dans la peau de l'un des personnages… ou du journaliste. En mars 2015, YouTube postait ses premières vidéos, suivi de Facebook en septembre de la même année. Employée par certaines émissions de voyage et des documentaires (sur France 5 notamment), la vidéo à 360 degrés a été utilisée par des journalistes qui couvrent le conflit syrien, et qui postent leurs vidéos sur le Web, Facebook en tête. Munie de plusieurs capteurs visuels et auditifs, la caméra 360 degrés filme dans toutes les directions. Une fois assemblées, les images offrent une vision globale au téléspectateur, qui peut choisir d'orienter son regard partout autour de lui, à l'aide de la souris de son ordinateur.

Pour certains, comme la documentariste américaine Nonny de la Peña, une pionnière, ce nouveau journalisme permet au téléspectateur d'être au cœur de l'action et d'accroître son empathie. Il s'agirait donc de l'équivalent filmé des travaux de journalistes comme la Française Florence Aubenas ou l'Allemand Günter Wallraff, qui se sont grimés des mois durant en SDF, en travailleur turc ou en femme de ménage pour dépeindre « en immersion » la réalité dans laquelle ils étaient plongés. Ne permettant pas encore le recul nécessaire quant au choix des images et à la vérification des faits, ce journalisme à 360 degrés pose encore bien des soucis d'éthique, notamment en termes de voyeurisme.

Inventée pour le jeu vidéo, cette technologie sera fatalement utilisée par le cinéma, les séries, voire les « romans augmentés » tels que les envisagent déjà certains éditeurs. Le monde de demain sera essentiellement vidéo. C'est en ce sens que travaille désormais Facebook. En juin 2016, à Londres, la vice-présidente de la firme pour l'Europe, l'Afrique et le Moyen-Orient, Nicola Mendelsohn, déclarait en effet : « Facebook sera définitivement mobile et probablement tout vidéo. » On y va donc tout droit, vers ce monde où tout est image, et où les réseaux sociaux sont l'alpha et l'oméga de l'alphabet de demain. La norme et le langage autour desquels se réinventeront assurément les médias et la culture.

New romance : le même modèle que les séries

Que ce soit à 360 degrés ou par la bonne vieille et éternelle formule du « Il était une fois », notre monde est fait d'images, d'histoires et d'idées. Le verbe est donc éternel. Même au temps où tout est devenu « flux », il faut donc bien écrire. Et, depuis que tout le monde (ou presque) est présent sur les réseaux sociaux, tout (le monde) ou presque peut publier.

C'est un fait : nos moyens de communication modernes disposent de touches et de claviers. On n'a jamais autant écrit, fût-ce au moyen d'une novlangue appauvrie, celle des textos, truffés de « lol » et autres « mdr ». Jamais non plus on n'a autant publié qu'aujourd'hui, car la combinaison du Web et des réseaux sociaux a produit une nouvelle forme d'autoédition : les plumes en herbe se diffusent gratuitement sur la Toile, et s'autopromotionnent sur les réseaux sociaux. Cela crée des communautés d'auteurs, de lecteurs et de lectrices, qui se promotionnent et se « recommandent » entre eux – entre elles, devrions-nous dire, car la majeure partie de ces plumes sont féminines – et qui se sont révélés à travers un genre que nous avons abordé en début d'ouvrage.

Nouvelle poule aux œufs d'or de l'édition, la new romance propose ainsi des intrigues, souvent plates, recyclées de livre en livre. Le style d'écriture n'est guère exigeant, mais la new romance a détourné les codes de la chick lit des années deux mille et ceux de la littérature à l'eau de rose des années cinquante, notamment. Elle évoque plus frontalement les tabous sexuels, l'homosexualité, l'amour adolescent. Comme nous le verrons, elle est aussi le genre littéraire le plus à la page sur la question 2.0. D'où, aussi, son succès. On était sans doute plus gêné, il y a vingt ans, quand on était surpris avec à la main l'un de ces romans aux titres aussi mièvres que *Michaela et le maître chanteur*, *Coup de foudre pour une héritière*, *L'Invitation à aimer* et autres *Tyran au cœur tendre*.

Héritière directe des romance novels des pulps américains, au même titre que les histoires de détectives ou de science-fiction, la romance est arrivée dans les librairies, les gares et les supermarchés dans les années soixante-dix : Barbara Cartland, Danielle Steel, Nora Roberts ou Julia Quinn en sont les plus fameuses représentantes. Désormais, il s'agit d'un véritable marché, nombre d'éditeurs y cherchant le « coup commercial ». Il n'est pas rare de voir des gens dégainer dans les transports en commun un exemplaire de *Beautiful Bastard* (série de Christina Lauren, publiée en France chez Hugo, en 2013), d'*Ugly Love,* de *Confess* (Colleen Hoover, Hugo), de *Crossfire* (Sylvia Day, J'ai Lu, 2012), d'*After* et *Before* (Anna Todd, Hugo, 2015 et 2016).

Ce secteur éditorial connaît un succès inouï en France : 135 094 exemplaires vendus pour le premier tome de *Beautiful Bastard* en grand format, 184 395 en poche chez Pocket ; de 170 588 à 330 158 exemplaires pour les cinq *After* d'Anna Todd ; plus de 100 000 pour chaque épisode de *Crossfire,* par Sylvia Day[1]. Dans l'Hexagone, la publication en 2013 (par les éditions Lattès) de la trilogie d'E. L. James *Cinquante Nuances de Grey* a créé un véritable appel d'air. Décomplexés, plusieurs éditeurs ont créé leur collection, leur label.

La romance, c'est un lectorat estimé féminin à plus de 80 % – les couvertures des livres, si elles conservent le visuel sulfureux d'il y a trente ans, sont délibérément girly et flashy. Un public qui, par ailleurs, écrit beaucoup et s'autopublie souvent, sur des sites comme Wattpad (crée en 2006) ou We Love Words, la première plateforme communautaire francophone destinée aux auteurs (créée

1. Chiffres de mai 2016, issus d'une enquête réalisée par l'auteur, publiée dans le magazine *Lire* de juillet-août 2016.

en avril 2010). Sur le premier, les auteurs-lecteurs livrent des histoires chapitre par chapitre. Ils se lisent entre eux/elles, et se « like ». Seuls ceux qui ont obtenu un certain nombre de likes sont autorisés à publier le chapitre suivant.

Ces plateformes sont scrutées par les éditeurs, qui y repèrent les auteurs en devenir, déjà pourvus d'une communauté de fans au moment où il/elle va accéder à un nouveau public : celui des librairies. Cependant, ce ne sont pas ces dernières qui sont les premiers vendeurs de ce genre de littérature, mais les hypermarchés et les sites de vente en ligne. De plus, et c'est aussi en cela qu'elle est partie intégrante de la pop culture moderne (et commerciale), la new romance est une enfant de la révolution numérique : environ un tiers des livres achetés sont des ebooks. Le phénomène est donc semblable à celui des séries télé : le public est avide de lire dès la sortie, et précommande sans attendre. C'est donc vers Internet que les éditeurs dirigent leurs campagnes de promotion et de distribution, sur Spotify ou YouTube, mais surtout sur des blogs ciblés et sur les réseaux sociaux. Éditeurs comme auteurs sont omniprésents sur ces derniers, à l'instar d'Anna Todd et de Colleen Hoover, les deux superstars du genre, très actives sur Instagram.

La new romance à laquelle nous avons affaire est typique de la pop culture en ce qu'elle renouvelle son genre originel (la romance des pulps) tout en y incorporant des éléments issus d'autres sous-genres : roman gothique par-ci, polar par-là, érotique parfois, campus novel encore. En outre, il s'agit rarement d'œuvres uniques, la plupart des auteurs et éditeurs privilégiant les séries, comme à la télé…

New Romance, fanfictions : les fans prennent-ils le pouvoir ?

En 2013, Anna Todd posta ses premiers textes sur le site Wattpad. Ils furent téléchargés plus de 1 milliard de fois ! Édité en une série de « vrais » livres, *After* fut un mégasuccès. La Texane de vingt-sept ans avait signé un contrat à six chiffres avec la maison d'édition américaine Simon & Schuster, et a déjà vendu les droits à Paramount Pictures. Une réussite qui rappelle celle d'E. L. James, dont la saga *Cinquante Nuances de Grey* (vendue à plus de 100 millions d'exemplaires) fut d'abord repérée sur un site de fanfiction, et celle de Christina Lauren (nom de plume de Christina Hobbs et Lauren Billings, duo auteur de *Beautiful Bastard*, une série publiée en six volumes et vendue en France à plus de 550 000 exemplaires).

Outre des plateformes de publication, nous avons affaire ici à un autre phénomène : les fanfictions. À l'origine, il s'agit de récits dans lesquels les fans s'approprient le personnage d'une œuvre existante – roman, série télévisée, film, manga – pour lui faire vivre un destin différent, en prenant bien sûr le soin d'apporter quelques modifications. Il peut même arriver que ces récits y intègrent… un personnage réel ! Ainsi le premier tome de la trilogie *After* s'inspirait-il d'un (jeune) boys band britannique, One Direction, et en particulier de son leader, Harry Styles.

Le concept de base des fanfictions est, donc, de reprendre le canevas d'une histoire inventée par un autre, et d'en faire un « préquel » (prologue) ou un « séquel » (suite), afin de développer des sous-intrigues entre personnages principaux et secondaires. Il ne s'agit pourtant pas de création pure, plutôt d'une franchise, et hors de question pour une fanfiction de générer des droits d'auteur si elle s'inspire trop d'un récit existant – pour d'évidentes questions de propriété intellectuelle. Seul le géant Amazon a passé quelques accords avec des auteurs ou des éditeurs (dont ceux de *Gossip Girl*, de *Pretty Little Liars* et de *Vampire Diaries*). En 2013, l'entreprise a lancé la plateforme Kindle Worlds pour vendre les textes ainsi édités : chaque copie s'achète entre 0,99 et 3,99 dollars, l'auteur touchant jusqu'à 35 % des profits, le reste étant partagé entre Amazon et le « franchiseur ».

Blasphème, copié-collé et business flirtant avec le degré zéro de toute éthique créative, le domaine de la fanfiction, par son aspect atelier d'écriture, passionne pourtant journalistes, universitaires et éditeurs. Au printemps 2015, cette « discipline » fut pour la première fois enseignée à la prestigieuse université de Princeton (New Jersey), dans le cadre d'un cursus consacré à l'histoire de la pop culture. Dans un pays, les États-Unis, où, depuis trente ans, de très nombreux écrivains le sont devenus grâce aux ateliers de « creative writing », il semble évident que les plateformes de new romance représentent une part de l'avenir de l'édition. Pas sûr qu'il s'agira de littérature, mais il s'agira tout de même de pop culture.

Inspiré du futur

Le monde de demain sera celui de la réalité augmentée, et la pop culture sera au centre de l'univers technologique 3.0.

Retracer son histoire, depuis la fin de la Grande Guerre, c'est raconter celle de nos sociétés : la pop vient de la rue et, si marketée qu'elle soit devenue, elle sentira toujours le bitume. C'est pourquoi nous avons défendu ici une pop culture qui est un mouvement alternatif. Donc imprévisible. Par nature, jeune, rieur, ironique, militant, subversif. Vivre, survivre, est souvent un défi. Et, depuis cent ans, la pop culture en est un aussi. Un cercle vertueux qui ne connaît pas de fin.

Références

Bibliographie

En plus des très nombreux romans, biographies, essais et non-fictions cités le long de cet ouvrage, les livres suivants ont constitué une indispensable source d'informations et de vérifications.

Jeff Chang, *Can't Stop Won't Stop – Une histoire de la génération hip-hop*, Allia, 2006, trad. H. Esquié.

Claude Chastagner, *De la culture rock*, PUF, 2011

Deborah Davis, *Andy Warhol va à Hollywood – Road trip à travers l'Amérique pop des sixties*, Rivages, « Rouge », 2016, trad. N. Guichard.

Dick Hebdige, *Sous-culture – Le sens du style*, Zoé/La Découverte, 2008 (version originale britannique, 1979), trad. M. Saint-Upéry.

Jean-Yves Leloup, *Musique non stop – Pop mutations & révolution techno*, Le mot et le reste, 2015.

Bertrand Lemonnier, *La Révolution pop dans l'Angleterre des années 1960*, La Table ronde, 1986.

Théo Lessour, *Berlin Sampler*, Ollendorff & Desseins, 2009.

Don Letts (avec David Nobakht), *Culture Clash – Punk rockers, Big Audio Dynamite, dreadlocks et vidéo*, Rivages, « Rouge », 2010, trad. S. Loupien.

Richard Mèmeteau, *Pop culture – Réflexions sur les industries du rêve et l'invention des identités,* Zones, 2014.

Barry Miles, *Ici Londres – Une histoire de l'underground londonien depuis 1945,* Rivages, « Rouge », 2010, trad. N. Guichard.

Vincent Piolet, *Regarde ta jeunesse dans les yeux – Naissance du hip-hop français, 1980-1990,* Le mot et le reste, 2015.

Jean-Marie Pottier, *Indie Pop – 1979-1997,* Le mot et le reste, 2015.

Simon Reynolds, *Bring the Noise – 25 ans de rock et de hip-hop,* Au Diable Vauvert, 2013, trad. C. Recoursé.Simon Reynolds, *Rétromania – Comment la culture pop recycle son passé pour s'inventer un futur,* Le mot et le reste, 2012, trad. J.-F. Caro.

Philippe Robert, *Great Black Music – Un parcours en 110 albums essentiels,* Le mot et le reste, 2013 (2008 pour la première édition).

Des dizaines de comics, édités en France par Glénat, par Panini et par Urban Comics.

Journaux, revues et sites Web

Le site web Konbini est un outil lumineux, sur la pop culture et son versant entertainment. De même que le site, devenu magazine fort recommandable, Gonzaï. Que les magazines *Rockyrama* et *Otomo*. Que le blog Musiclodge.fr pour les musiques pop.

Ils se sont ajoutés à tous les journaux, magazines, titres de presse que je lis depuis toujours, pour lesquels j'ai écrit parfois, et dans lesquels j'ai depuis toujours puisé, découpé, archivé, des tonnes de pages, d'images et de données. Certains sont vivants, d'autres ne le sont plus. Citons entre autres *Actuel, Les Inrockuptibles, Rolling Stone, New Musical Express* et *FourFourTwo* (Angleterre), *Nova Magazine, Technikart, L'Autre Journal, Globe Mensuel* puis *Globe Hebdo, So Foot*.

Cinéma

Super-héros – L'éternel combat, film en trois volets de Michael Kantor (Arte Éditions/Ina, 2014)

Musique

J'aimerais avoir encore plusieurs vies pour réécouter, danser et redanser, me lover et me relover, attaquer et réattaquer, sur les différentes musiques qui ont orchestré ma vie, et ce livre.

Remerciements

Spéciale dédicace à Pascale Clark, la femme-radio, la working girl au cœur si tendre. Je chroniquais depuis deux ans pour toi, sur France Inter, et ton émission « Comme on nous parle », quand tu m'as demandé de tenir une chronique « pop culture ». C'était en 2013. On a appelé ça le « Pop Corner », du nom de mon blog sur L'Express.fr. Ensemble, on a parlé de Nirvana, de football politique, du revival de la Stan-Smith d'Adidas, de Johan Cruyff, de Jimmy Connors, des artistes cachés comme Thomas Pynchon ou The Residents, de David Lynch, des putes en littérature, et d'une quarantaine d'autres stories. La mission était dense : rendre compte de l'actualité pop, tout en tissant des liens entre ces événements et ce qui les rendait « pop ». Ce que tu m'as donné à faire a ouvert la porte de ce livre, qui est né grâce à toi.

Merci à Kahina Benakli, Natalie Beunat et Saadia Benakli, ce trio de grâces qui me remet si souvent debout.

Merci à Céline Leroy, chez qui j'avais commencé le travail sur ce livre. Merci à toi d'être mon amie depuis plus de vingt ans, et d'avoir fait en sorte que le travail pour ce *Pop Corner* débute en la plus belle ville du monde : Marseille.

À Nathalie N'Guyen, dont la quiétude personnelle et l'horizon normand m'ont tant aidé.

À mon grand ami Cédric, pour ses fidèles relectures, pour ses précisions. C'est chez toi que le travail d'écriture est arrivé à terme. Il te sera donc pardonné, quelques mois encore, de porter aux pieds ces objets non homologués (cf. le cinquième chapitre). Profite bien de ce répit, mon ami.

Merci à ma Mélissandre Boulatoff, et pensée à mon filleul Soan, né peu avant que ce livre ne devienne une idée. Merci à Julien et Valérie, à Arnaud et Lilia, à Jessica, à Claire et Delphine, à Anthony Bellanger, merci à vous d'être mes amis. Merci aux voisins de bureau et néanmoins amis de respecter au travail ce silence qui, on le sait, est d'or, tout en ayant ce goût des apéritifs : Vahéna, Sébastien, David, Nicolas, Julien, Antoine. Merci à la si belle team du magazine *Lire*, au gang de Quais du Polar, aux Étonnants Voyageurs, aux Faits & Gestes. Une pensée à Georges-Emmanuel Morali.

Un merci infini, enfin, à Stéphanie Chevrier et Aurélie Michel, éditrices si attentives, persuasives, et ô combien patientes.

À la fin de mon premier livre, *Galaxie Foot, dictionnaire rock, historique et politique du football*, j'avais remercié plusieurs personnes, grâce à qui l'autodidacte que je suis devint journaliste sans avoir fait d'études, après une adolescence zonarde et une jeunesse militante. Je les remercie encore, ajoutant dans l'effectif François Busnel, Philippe Delaroche, Pierre Haski, Aymeric Mantoux, Julien Bisson, Joseph Macé-Scaron, Laurent Nunez. Des journalistes comme vous, qui tiennent et maintiennent mordicus la place de la culture dans nos médias, honorent la profession.

NOTES

NOTES

NOTES

NOTES

NOTES

NOTES

NOTES

NOTES

NOTES

NOTES

NOTES

NOTES

NOTES

Du même auteur

Donqui Foot, dictionnaire rock, historique et politique du football, Don Quichotte, 2011 (réédition augmentée, 2012).

Galaxie Foot, Points-Seuil, 2014.

Galaxie bleue : histoire populaire et politique du football français, ePoints, 2014.

Galaxie bleue au féminin, ePoints, 2014.

Pour écrire à l'auteur

Éditions Don Quichotte
Pour Hubert Artus
13, rue Séguier
75006 Paris

auteurs@donquichotte-editions.com

facebook.com/donquichotte.editions
@DonQuichotteEd

Correction : Roxane Criznic
Réalisation : Don Quichotte
Impression : Normandie Roto Impression s.a.s. à Lonrai
Dépôt légal : janvier 2017. N° 129410 (1605175)
Imprimé en France